교회예배주일기도문

교회력과
절기에 맞춘
2024 - 2025

한치호 목사의 다른 책들

성령님께 충만 읽는기도 70일, 2024
요절묵상 말씀기도 신약, 2024
요절묵상 말씀기도 구약(1-5권), 2023-2024
주기도문으로 기도합니다, 2022
십자가의 길 70일, 2022,
심령의 부흥, 읽는기도 91일, 2022
교회를 위한 읽는기도 91일, 2021
교회정착, 새신자 100일 기도문, 2020
헌신 · 절기 · 행사 대표기도문 77, 2019
기도, 처음인데 어떻게 하나요, 2019
잠언으로 자녀를 축복하는 읽는기도1, 2016
대심방 능력기도문, 2016
추모 · 장례 설교와 기도문, 2015
가족을 축복하는 읽는기도 100일, 2015

교회예배주일기도문
교회력과 절기에 맞춘 2024 - 2025

1판 인쇄일_ 2024년 8월 19일
1쇄 발행일_ 2024년 8월 24일

지은이_ 한치호
펴낸이_ 한치호
펴낸곳_ 종려가지
등록_ 제311-2014000013호(2014. 3. 21)
주소_ 서울특별시 은평구 은평로14길 9-5
전화_ 02)359.9657
디자인 내지_ 구본일
디자인 표지_ 이순옥
제작대행_ 세줄기획(02.2265.3749)
영업대행_ 두돌비(02.964.6993)

값 8.000 원

ISBN 979-11-90968-86-7

문서사역에 대한 질문은 모바일 010. 3738. 5307로 해주십시오.

교회예배주일기도문

교회력과
절기에 맞춘
2024 - 2025

한치호 목사 기도

문서사역
|종|려|가|지|

차례

2024년

2025년

(2024) 10월 1주, 6일, 화 - 한로, 수 - 한글날

온 백성에게 찬송이 되시는 하나님,

찬양-감사. 열매를 익혀가는 가을, 10월 첫째 주일에 여호와께로 나아옵니다. "존귀와 위엄이 그의 앞에 있으며 능력과 아름다움이 그의 성소에 있도다." 아멘(시 96:6) 여러 모양으로 흩어져 있던 ○○의 성도들, 한 가족으로 모였습니다. 진심으로, 정성을 바쳐 예배하게 하시옵소서. 하나님께서 존귀와 권위로 옷 입으셨음을 선포하게 하시옵소서.

회개-용서. 하나님께서 나의 나라로 삼게 하신 대한민국이라고 믿습니다. 그러나 저희들은 나라를 사랑하는데 많이 부족하였습니다. 이 나라의 국민으로서 바르고, 정직하게 살지 못한 죄를 고백합니다. 세금을 납부하는데 아까워하였으며, 국민의 의무를 다하려 하지 않은 죄를 용서해 주시옵소서. 나라를 사랑하도록 인도해 주시옵소서.

성령님의 임재. ○○의 지체에게 영과 진리로 나아가게 하시옵소서. 예배의 순서를 따를 때, 드려지기를 원합니다. 하나님의 거룩하심과 그 영광에 합당하게 순서를 따르게 하시옵소서. 우리 교회와 교우들 각 지체에게 예배의 영으로 이끌어 주시

옵소서. 순서를 담당하여 섬기는 종들에게는 성령님의 기름 부으심으로 충만하게 하시옵소서. 자원하는 심령을 주셨으니 감사함으로 봉사하게 하시옵소서.

오늘의 간구. 세상을 향해서 빛이 되라는 말씀에 순종하여 한국교회가 우리나라에서 사명을 감당하게 하시니 감사합니다. 한국의 기독교는 선교지 나라에서 교회로 세워지면서 우리말로 번역된 성경을 갖고 들어와 한글의 대중화를 이루었습니다. 오늘, 저희들은 한국교회의 역사를 기억하면서 교회가 나라와 사회를 위해서 해야 될 일에 봉사하게 하시옵소서. 그 봉사로 빛의 사명을 성취하게 하시옵소서.

지교회 공동체. 아침과 저녁으로 찬바람이 불어오면서 새 계절이 열리게 하신 것처럼, 저희들에게도 새로운 신앙의 다짐이 있게 하시옵소서. 여호와의 은혜를 찬양하면서, 새롭게 하심을 바라보게 하시옵소서. 새 생각과 새 마음으로 주신 사명을 감당하게 하시고, 교회 밖을 향해서는 빛이 되고, 소금이 되어 그들로 주님께 영광을 드리게 하시옵소서. 이 땅에서 지내는 것이 하나님의 일이 되게 하시옵소서.

예배위원. 목사님을 단에 세우셨음에 감사드립니다. 목사님께 신령한 은혜를 더하여 주시옵소서. 그의 입술을 성령님께서 주관하셔서 천국백성들이 듣게 하시옵소서. 그의 말씀을 하나님의 말씀으로 존중하여 순종함으로 받게 하시옵소서.

이 시간에, ○○성가대의 찬송으로 하나님의 영광이 예배당 안에 가득하게 하시옵소서. 구별되어 선택을 받은 종들이 오직 하나님을 영화롭게 해드리는 최상의 찬양을 드리기를 소망합니다.

하나님께서 받으실 만한 예배가 되기 위해서 지명된 이들이 봉사하도록 하시니 감사드립니다. 성전의 꽃꽂이와 성전의 청소 등으로 수고한 종들, 여러 모양으로 섬기는 이들을 복되게 하시옵소서.

지체를 중보. 교회 앞에서 일꾼으로 구별을 받은 지체를 위하여 간구합니다. 저희들 중에서 교회를 위하여, 하나님의 나라를 위하여 충성하라고 세워주신 줄로 믿습니다. 직분자로 부름을 받은 이들에게 하나님을 구하게 하시옵소서. 주님과 함께 살고, 주님의 사랑 안에서 죽으며, 다시 일어나 주님과 함께 영원히 즐거워하게 하시옵소서.

주님의 보내심. 하나님께서 세상을 사랑하셨다는 말씀에서 저희들의 삶이 새로워지기를 원합니다. 저희들의 세상을 향한 성도의 의무가 세상을 사랑함에서 시작되게 하시옵소서. 세상은 사랑의 대상인 줄로 믿습니다. 교회가 속해 있는 지역에서 세상을 사랑함을 경험하게 하시옵소서. 세상을 향하여 교회의 섬김이 시작되게 하시옵소서.

예수님의 이름으로 기도드립니다. 아멘.

10월 2주, 13일

영원히 영광이 되시는 하나님,

찬양-감사. 하나님이 그의 거룩한 보좌에 앉으셨음을 고백하는 이 시간에, 여호와의 이름을 찬양하라고 명령을 받은 ○○의 지체를 모아주셨습니다. 각각 흩어져 하늘을 바라보며 살던 저희들을 모으셨으니 영광을 드리게 하시옵소서. 저희들 각자가 자신의 집을 성소로 삼아 지내다가 이곳에 모였으니 영과 진리로 나아가게 하시옵소서.

회개-용서. 열매 없는 저희들에 대하여 오래오래 참아주시니 감사드립니다. 잘못을 뉘우치고, 용서를 기다리는 저희들을 불쌍히 여겨 주시옵소서. 회개하는 심령마다 회개의 열매를 맺게 하시며 거룩함에의 결단을 하게 하시옵소서. 하나님께 친백성이 되어 의로움과 착한 행실의 열매를 맺어 하나님을 영화롭게 해드리게 하시옵소서.

성령님의 임재. 하나님을 영화롭게 해드리려는 지금, 이곳에 성령님의 임재가 충만하기를 원합니다. 영원히 영광이 되시는 하나님을 예배하려고 오늘을 기다려 왔습니다. 예배의 인도를 위하여 부름을 받은 사역자들이 겸손한 마음으로 헌신하게 하시옵소서. 그들이 먼저 거룩한 모습으로 자신을 바치게 하시옵소서. 영과 진리로 예배할 때, 온 교회는 세상을 향해서 주의 영광을 선포하게 하시옵소서.

오늘의 간구. 국방을 위하여 수고하는 이들, 육군, 해군, 공군 안에 신실한 장교들과 군인들을 통하여 복음이 증거 되고, 많은 이들이 하나님 앞에 나아오게 하심을 감사합니다. 군이라는 특별한 환경 속에서 이들에게 계속적으로 복음이 증거 되게 하시옵소서. 이들에게 용기를 주시며 위험으로부터 지키시고, 군사로 부름을 받은 자로 지혜롭게 행하게 하시며, 군목들과 크리스천 장성들에게 은혜를 더하시옵소서.

지교회 공동체. 저희들에게 하나님을 사랑하게 하시고, 하나님께 순종하게 하시옵소서. 그리고 죄를 대적하게 하시옵소서. 오늘, 우리 교회가 성령님께 충만해야 될 까닭이 무엇인지요? 성령님의 능력으로 죄를 대적하는 것이라 깨닫습니다. 죄에 대하여 느슨했던 저희들을 용서해 주시옵소서. 회개하는 것으로 만족해하지 않고, 다시는 죄가 저희들에게 달라붙지 않도록 거절하게 하시옵소서.

예배위원. 진리와 생명이 되는 말씀을 사모합니다. 목사님을 대언자로 세우셔서 말씀을 전하게 하심을 감사드립니다. 그 말씀으로 예수님을 찬양하게 하시옵소서.
저희 교회를 영화롭게 하셔서 ○○성가대를 세워주시고, 오늘도 그들이 마음과 몸을 드려 찬양할 때, 하나님의 은혜를 체험하는 복된 자리로 인도해 주시옵소서.

예배의 진행을 돕고, 교우의 편의를 위하여 봉사하는 지체를 축복합니다. 수고하는 종들, 여러 모양으로 섬기는 이들을 복되게 하시옵소서. 이 예배에 사탄이 역사하지 않게 하시고, 하나님의 영광을 훼방하는 세력들은 물리쳐 주시옵소서.

지체를 중보. ○○의 권속 중에 자신의 연약함으로 시험에 들지 않도록 성령님께서 지켜주심을 믿습니다. 스스로 미혹에 자기를 내어주어 원수에게 걸려들지 않게 하시는 하나님이신 줄로 확신합니다. 언제라도 마귀가 미혹하여 가라지를 심지 않게 하시옵소서. 성령님의 충만하심을 누리며, 하나님의 영의 인도를 받게 하시옵소서.

주님의 보내심. 우리 지역에 가난한 이들이 많습니다. 하나님께서 가난한 이들을 외면하지 않으시고, 저희들을 사용하여 도움을 받도록 하시는 줄로 믿습니다. 이에, 그들에 대한 부담을 갖게 하시옵소서. 그들이 불신자라 하여도 하나님께서 사랑하시는 백성이라고 깨닫습니다. 손을 내밀어 그들을 도와 선한 영향력을 끼치게 하시옵소서.

예수님의 이름으로 기도드립니다. 아멘.

10월 3주, 20일, 수 - 상강

찬양으로 이끌어 주시는 하나님,

찬양-감사. 하나님을 경외하고, 그 명령을 지키라는 말씀에 순종하여 교회로 모였습니다. "우리 주 예수 그리스도의 하나님, 자비의 아버지, 모든 위로의 하나님"께 찬송을 드리게 하시옵소서. 여호와께 존귀한 성도들이 모든 무릎을 예수의 이름에 꿇게 하시옵소서. 우리의 영원한 왕에게 무릎을 드리는 한 시간으로 삼게 하시옵소서.

회개-용서. 무엇에 그리도 바빴던지 기도하지 못하는 삶을 살아왔음을 참회하고 용서를 구합니다. 저희들 자신의 영생에 이르는 삶을 위해 깨어서 기도해야 하였으나 게으르고 말았습니다. 기도를 하지 않으니 감사하는 것도 잊고 지냈습니다. 세상을 향해서 증인이 되어야 하였지만 거룩한 의무에도 소홀했던 죄를 용서해 주시옵소서.

성령님의 임재. 이 시간에, 성령님의 기름 부으심이 충만하기를 원합니다. 저희들 각자가 경건하게 생활을 하다가 주일의 성회로 모였으니 여기에 성령님께서 폭포수와 같이 쏟아짐이 있게 하시옵소서. 그리하여 오직 성령님의 충만하심으로 예배하는 권속이기를 소망합니다. 예배하면서 하나님을 영화롭게 해드리기 위하여 임마누엘을 소망하게 하시옵소서. 하늘로부터 능력을 내려 주시옵소서.

오늘의 간구. 성인으로서 삶을 시작한 젊은 세대를 축복합니다. 젊은이들에게 자리를 내어주고, 그들이 생각을 펼치도록 문화적인 공간도 마련하게 하시옵소서. 이미 기성세대가 된 이들도 지난 시간에는 젊은이였으니 다음세대를 축복하며 그들이 삶을 펼쳐나가는 사회를 조성하게 하시옵소서. 기성세대의 고집을 주장하지 않고, 젊은이들이 창조적으로 꿈을 키우도록 그들의 삶을 축복하게 하시옵소서.

지교회 공동체. "우리를 죄에서 구하시려 주 예수 십자가 지셨으니 기쁘게 부르세 할렐루야 나 구원 얻었네." 아멘. 연약한 죄인들을 하나님의 전에 나오게 하시고, ○○의 지체가 되게 하셨습니다. 십자가에 달려 흘려주신 예수님의 피 공로로 먹빛보다 더 검은 죄를 깨끗케 해 주셨으니 감사드립니다. 십자가의 은혜는 생명 가치를 상실한 지금, 희망인 줄로 믿습니다. 그 은혜로 새로워지게 하시옵소서.

예배위원. 귀를 열어서 듣게 하사, 주님을 위해 살겠다는 다짐을 주시옵소서. 설교를 위하여 단 위에 세우신 목사님께는 영육간의 강건함을 주시옵소서. 그래서 말씀을 전하실 때 능력 있는 말씀 되게 하시며, 저희들은 의로 교육하기에 충분한 은혜를 받게 하시옵소서.

○○성가대원들이 신령과 진정의 기도가 표현된 찬양으로 최상의 영광을 드리기를 소망합니다. 사랑하는 지체에게 하나님께서 받으실 목소리를 내게 하시옵소서. 함께 한 저희들도 화답하는 심정으로 여호와의 임재를 바라보게 하시옵소서.

맡겨진 자리에서 예배의 진행을 돕는 손길들에게 은혜를 더하여 주시옵소서. 성삼위 하나님만이 영광을 받으옵소서.

지체를 중보. 사랑하는 교우들 중에는 시련의 시간을 마주한 이들이 있어서 기도합니다. 택한 백성을 돌아보시는 하나님의 긍휼하심이 그들에게 있게 하시옵소서. 역경을 통해서 하나님의 사람으로 세워져 간다면 지금의 시간을 견디게 하시옵소서. 어려움에 고달파, 세상의 여러 가지 미혹에 이끌려 마음을 내어주지 않게 하시옵소서.

주님의 보내심. 죄악의 도시 소돔과 고모라를 위하여 하나님을 찾았던 아브라함에게서 저희들이 살고 있는 동네를 위한 기도를 찾아내게 하시옵소서. 교회가 있는 이 동네를 덮고 있는 어둠의 영을 대적합니다. 동네를 하나님께 올려드리게 하시옵소서. 지역사회에서 하나님을 대적하는 일들이 멈추어지도록 기도하게 하시옵소서.

예수님의 이름으로 기도드립니다. 아멘.

10월 4주, 27일

영세무궁하기까지 영광이신 하나님,

찬양-감사. 오늘, ○○교회에 모인 권속에게 여호와의 이름을 기뻐하면서 찬양을 드리게 하시옵소서. 하나님의 이름이 홀로 높으시며, 그의 영광이 땅과 하늘 위에 뛰어나시니 그 영광에 마땅한 찬양을 드리게 하시옵소서. 옛 사람을 십자가에 못 박으면서 땅의 것을 버리는 은혜를 주셨으니, 교회 안에 머무르게 하심을 기뻐합니다.

회개-용서. 억만 가지에 이르는 죄악을 씻어주신 주님의 보혈, 그 피가 저희들의 마음과 생각을 새롭게 해주시기를 간절히 원합니다. 새롭게 다듬어서 "주여, 내가 주를 사랑하는 줄 주께서 아십니다."라고 고백하게 하시옵소서. 하나님을 생각하지도 않고 지냈던 저희들, 구원은 좋고, 주님의 길은 거북해 했던 삶을 용서해 주시옵소서.

성령님의 임재. 주님의 사랑을 입은 자들이 다시 모였습니다. 주님의 날에 ○○교회로 불러주심에 감사합니다. 우리 교회에 성령님의 충만하심이 있어 강물 같이 흐르는 기쁨으로 예배하게 하시옵소서. 성령님께서 깨닫게 하심에 따라 종교개혁의 의미를 묵상하고, 영광을 드리게 하시옵소서. 입술을 벌려 기도하며 찬송할 때, 영광을 받아주시옵소서. 얼굴을 땅에 대고 여호와께 경배하기를 원합니다.

오늘의 간구. 종교개혁자들을 세워서 교회를 개혁해 주신 성령님의 역사를 생각합니다. 그들의 헌신과 열정을 사용하신 하나님께서 오늘에는 저희들을 사용해 주시기를 원합니다. 저희들은 어디에서, 어떤 모습으로든지 하나님의 교회를 위해서 쓰여 지게 하시옵소서. 하나님 앞에 낱낱이 드러 내놓아, 참마음으로 뉘우치며 기도하게 하시옵소서. 교우들 모두에게 하나님의 품 안에서 걸어가게 하시옵소서.

지교회 공동체. 주님의 말씀으로 소망을 삼게 하시고, 주님을 저희의 위로로 삼게 하시옵소서. 간절히 간구하오니, 살리시는 주님의 영으로 새롭게 하시옵소서. 오직 하나님의 위로와 소망을 바라며 사는 저희들이 되게 하시옵소서. 삶을 여호와께 맡기고, 나를 위하시는 하나님을 의지하게 하시옵소서. 힘들고 지쳐서 넘어지려고 할 때, 늘 옆에서 너는 내 아들이라는 주님의 사랑스런 음성을 들려주시옵소서.

예배위원. 저희들 모두에게 생명의 꼴을 먹여주시옵소서. 말씀을 대언하실 목사님께서 진리를 선포하게 하시옵소서. 강단에서부터 흘러나온 생수의 말씀이 저희들에게 생명수가 되게 하시옵소서. 그 말씀에서 저희들을 위하시는 하나님의 사랑을 확인하게 하시옵소서.
사랑하는 ○○성가대가 하나님께 영광이기를 소원합니다. 하나님을 영화롭게 해드리려는 이 예배를 아름답게 하는 ○○성가대의 귀한 지체들의 찬양을 받아주시옵소서.
지금, 예배하는 동안에 예배당의 안팎에서 봉사하는 종들이 있음에 감사드립니다. 귀한 지체들의 섬김으로 예배를 아름답게 하시니 종들이 은총을 입게 하시옵소서.

지체를 중보. 자비로우신 하나님께서 병들어 집이나 병원에서 홀로 있는 이들을 불쌍히 여기시며, 도와주실 줄로 믿습니다. 오늘이라도 회복하게 하시는 여호와의 만져주심으로 구원해 주시옵소서. 병든 이들에게는 싸매어주시는 은혜로 병상에서 일으켜 주시옵소서. 병자를 고쳐주시는 하나님은 우리 아버지이십니다. 일으켜 주시옵소서.

주님의 보내심. 남들로부터 그리스도인이라는 말을 들었던 초대교회의 성도들처럼 저희들은 지역에서 크리스천으로 불리게 하시옵소서. 주님의 심정으로 지역을 품게 하시며, 주민의 한 사람으로 책임을 갖게 하시옵소서. 지역을 섬겨 봉사하여 이웃 사랑이 실천되기를 원합니다. 주님의 보내심으로 지역을 대하며, 봉사하게 하시옵소서.

예수님의 이름으로 기도드립니다. 아멘.

11월 1주, 3일, 목 - 입동

권능과 지혜로 다스리시는 하나님,

찬양-감사. 베풀어 주신 것들에 감사하는 마음으로 살아가기를 다짐하게 하는 11월, 첫째 주일입니다. "여호와는 선하시며 그의 이름이 아름다우니 그의 이름을 찬양하라."는 말씀에 감격스럽게 감사합니다. 하나님은 날마다, 때마다 좋으신 아버지이셨습니다. 지금, 여기에서 예배를 즐거워하는 ○○의 백성을 보아주시옵소서.

회개-용서. 아버지 하나님께서는 저희들에게 거룩하게 살아가라고 하셨습니다. 그렇지만 저희들은 속된 것인지, 거룩한 것인지를 구별하지 못하고, 자신의 마음에 들면 좋게 여기고 살아왔음을 깨닫고, 용서를 구합니다. 이 시간에, 하나님의 자비로우심으로 저희를 받아 주시옵소서. 여호와께 의롭지 못하였던 허물을 용서해 주시옵소서.

성령님의 임재. 모인 회중에게 성령님께서 충만하시기를 원합니다. 지난 시간에, 저희들의 삶은 매일, 매일이 거센 풍랑이었습니다. 이 시간에 성령님의 충만으로 풍랑이 쫓겨 가는 줄로 믿습니다. 어수선했던 심령을 고요하게 하시고 예배에 집중하게 하시옵소서. 성령님의 충만으로 예배하며, 그 은총에 기쁨이 넘치게 하시옵소서. 성령님의 바람이 불어와 이 시간에 충만하심을 누리게 하시옵소서.

오늘의 간구. 우리 민족의 역사에 광주학생사건이 있도록 하신 하나님이십니다. 일제 식민지 시절에 일본 학생들의 옳지 못한 행실에서 일어난 갈등은 전국을 하나가 되게 하셨다고 깨닫습니다. 오늘날에, 저희들은 불의함에 대해서는 자기에게 손해가 되어도 물러나지 않고, 옳음에는 동참했던 그 정신을 잇게 하시옵소서. 그것이 바로 이 땅에서 정의가 흐르게 하고, 하나님의 공의가 펼쳐지게 하는 것이라고 여깁니다.

지교회 공동체. 저희들은 자아의 바벨탑을 쌓지 않도록 하시옵소서. 자기를 하나님보다 더 사랑하지 않게 하시고, 주님보다 더 귀한 것이 있다면, 무너뜨려 주시며, 주님보다 저희들 자신의 자아를 사랑하려는 충동을 거절하게 하시옵소서. 우리 ○○의 지체에게 오직 주님만 사랑하는 마음으로 충만하게 하시옵소서. 여호와께 구별된 그대로 지내서 영광은 하나님께 드리고 저희들은 그 기쁨으로 지내게 하시옵소서.

예배위원. 하늘의 백성에게 은혜를 주시려고 목사님을 단에 세우셨음에 감사드립니다. 말씀을 대언하실 목사님께서 단에 오르셨으니 구원에 이르는 생명의 말씀을 선포하게 하시옵소서. 하나님의 말씀을 선포하시고, 저희들은 하늘 아버지의 음성을 받게 하시옵소서.
하나님의 위대하심을 선포하는 ○○성가대원들을 보아주시옵소서. 그들이 신령과 진정의 예배와 하나님을 영화롭게 해드리는 음악으로 어우러진 최상의 찬양을 드리기를 소망합니다.
오늘도 예배를 돕기 위해서 일꾼들을 선택해 주셨습니다. 예배와 주일을 위하여 여러 자리에서, 여러 모양으로 섬기는 종들에게도 은혜를 더해 주시옵소서. 돕는 손길들에게 은혜를 더하여 주시옵소서.

지체를 중보. 일꾼으로 세워진 ○○의 지체, 주님을 향한 첫 사랑의 열정으로 돌아가도록 하시옵소서. 직분자로 구별을 받아서 충성을 다해야 했는데, 어디에서 떨어졌는지를 돌아보게 하시옵소서. 하나님의 말씀에서 얼마나 떨어져 있는지를 깨닫게 하실 줄로 믿습니다. 하나님의 능력으로, 세상의 유혹에서 돌아서게 하시옵소서.

주님의 보내심. 저희들에게 지역을 위하여 기도하게 하시옵소서. 지역사회의 다양한 상황들을 기도의 제목으로 삼게 하시옵소서. 여기에 하나님의 나라가 이루어지도록 기도하게 하시옵소서. 지역의 상황에서 성령님의 역사를 구하게 하시옵소서. 성령님께서 동네를 거룩하게 하시기를 구하며, 지역에서 거룩함을 공유하게 하시옵소서.

예수님의 이름으로 기도드립니다. 아멘.

11월 2주, 10일,

영광과 권세와 존귀와 위엄의 하나님,

찬양-감사. 우리 주 여호와의 이름을 찬양하며, 영광을 드립니다. 감사절의 시간을 맞이하면서 저희들의 입술은 기뻐하고, 가슴은 떨려옵니다. 넘치도록 하신 하나님께 오늘, 종일을 여호와 그 이름에 마땅한 영광을 드리며, 하나님을 즐거워하게 하시옵소서. 머리를 숙인 거룩한 백성들이 진심으로 무릎을 꿇고 찬양을 드리게 하시옵소서.

회개-용서. 하나님께서 저희들에게 원하심은 은혜 안에서 자라가는 것인데, 천국백성으로서 온전함에 이르지 못하고 있음을 회개합니다. 온전해지기 위해서 말씀과 기도를 가까이 하고, 성령님께의 충만함에 목마르라 하셨으나 그렇지 못하였음을 용서해 주시옵소서. 골고다의 십자가에서 흘려주신 보혈로 저희들이 회복되게 하시옵소서.

성령님의 임재. 예배로 모인 저희들에게 성령님께서 불의 역사로 임하심을 믿습니다. 사랑하는 지체에게 하나님을 영화롭게 해드리려는 심령을 기쁨으로 채워주시고, 거룩하지 못한 생각과 마음을 태워주시옵소서. 저희들은 성령님을 환영하고,

찬양을 드리며 이끌어주심에 자신을 맡겨 예배에 임하기를 원합니다. 성령님과의 교제를 누리며 예배하는 한 시간을 영과 진리로 충만하게 하시옵소서.

오늘의 간구. 하늘 아버지에게 자녀는 감사를 표시하는 관계라고 알게 하시니 감사합니다. 지나온 시간들의 삶은 하나님께서 저희들에게 베풀어주신 은혜의 결과로 여깁니다. 시간에 감사하고, 한 날에 감사하며, 달마다 감사하다가 추수감사절을 맞이하게 하셨으니 감사합니다. 우리 교우들 중에 누구도 자신의 노력과 수고로 여기에까지 온 사람은 없습니다. 감사를 표시하는 즐거움을 주시옵소서.

지교회 공동체. 오늘, 우리 교회가 경건의 모양을 갖추고 있는데, 나타나는 모습만 거룩하게 보여 지지는 않는지요? 저희들이 스스로 속고 있다면 이제라도 깨닫게 하시옵소서. 이제라도 거짓에서 돌아서게 하시옵소서. 성령님의 지배 안으로 들어가게 하시옵소서. 성령님께 지배를 당하여 성령님으로 지내게 하시옵소서. 저희들 모두는 성령님께의 굴복으로 '경건함의 근력'을 키우게 하시옵소서.

예배위원. 우리 교회의 강단에 기름을 부어주시옵소서. 말씀을 선포하실 목사님께 영력을 더하셔서 하나님의 음성이기를 원합니다. 들려 주시는 말씀을 믿고 순종해야 될 하나님의 명령으로 듣게 하시옵소서.

주님을 영화롭게 해드리는 ○○성가대를 세워주셨습니다. 성가대원 지체들을 거룩하게 하시옵소서. 오늘, 저들이 입고 있는 가운처럼 저들 자신을 영화로운 몸으로 찬양과 함께 드리게 하시옵소서. 함께 하는 회중은 한 마음으로 하나님을 찬양하며 예배하게 하시옵소서.

예배를 위하여 봉사할 종들을 구별하여 세워주셨습니다. 부름 받은 종들에게 제사장의 마음으로 세워지도록 자신을 거룩하게 하시고, 몸으로 제물이 된 심령을 갖게 하시옵소서.

지체를 중보. 사랑하는 ○○의 권속에게 진리를 그리워하는 심령이 되게 하실 줄로 믿습니다. 위에서 베풀어 주시는 신령한 식탁으로 인해 늘 천국 잔치의 기쁨을 누리게 하시옵소서. 저희를 하나님께 순종하는 자리에까지 이르게 하실 것을 확신합니다. 구원하심과 그 은혜의 영광을 하나님께 드리는 지체로 세워주시옵소서.

주님의 보내심. 오늘, 곤고하게 지내는 이들에게 손길을 펴라고 하시는 하나님의 음성을 듣게 하시옵소서. 저희들에게 고아와 과부를 돌보시기를 원하시는 하나님의 자비로 이웃에게 다가가게 하시옵소서. 교회의 주변에서 지내는 가난한 이들에게 주님의 손이 되어 사랑의 손길을 내어밀도록 은혜를 주시옵소서. 함께 살아가게 하시옵소서.

예수님의 이름으로 기도드립니다. 아멘.

11월 3주, 17일, 추수감사절, 금 - 소설

우리 주를 찬송하게 하시는 하나님,

찬양-감사. 추수감사절에, 감사예배로 하나님께 드릴 수 있도록 인도하심을 즐거워합니다. 영과 진리로 예배할 때, 하늘의 문을 열어주시옵소서. 의롭다함의 은혜를 입은 자녀들이 아버지께 드리는 예배를 받으시며, 세계에 주 하나님의 이름이 높이 받들어지게 하시옵소서. 하나님의 이름을 높이는 예배의 한 시간으로 삼게 하시옵소서.

회개-용서. 천국백성인 저희들, 불쌍히 여겨 주시옵소서. 저희들이 살아가고 있음이 바로 하나님의 은혜이며, 지켜주심이셨으니 순간마다, 날마다 감사해야 했습니다. 그런데 저희들은 자신의 삶에 몰두되어서 아버지의 자비를 느끼지 못하고 지내왔습니다 용서해 주시옵소서. 추수감사절의 예배에서도 감사함을 구별함에 부족했음을 고백합니다.

성령님의 임재. 예배하러 모인 주의 백성에게 성령님의 강림으로 영광을 보여주시옵소서. 오순절의 다락방에 임했던 성령님의 충만하심으로 저희들 각 사람의 심령과 이 교회에 불로 임함을 내여 주시옵소서. 그리하여 사람의 목소리로가 아닌 성령님께의 감동으로 찬양하고, 영화롭게 해드리게 하시옵소서. 사람만 모였다가 흩어지는 시간이 아니라 하나님과 교제하는 은혜를 경험하게 하시옵소서.

오늘의 간구. 무엇으로 감사하며 하나님께로 나올까를 준비하는 저희들에게 아벨의 마음을 주시니 감사합니다. 자기 자신과 자신의 제물을 하나님께서 받으시도록 드린 아벨, 그가 저희들에게 이 절기를 지키도록 가르쳐 주었다고 믿습니다. 오늘, 감사함의 응답으로 저희들 자신을 드릴 때, 받으시옵소서. 그리고 하나님께서 원하시는 대로 감사를 준비하게 하셨으니 그대로 받으시옵소서.

지교회 공동체. "나 십자가 대할 때에 그 일이 고마워 내 얼굴 감히 못 들고 눈물 흘리도다." 아멘. 십자가로 말미암아 예수님의 죽으심에 연합하고, 예수님의 부활에 연합하여 새 생명을 가졌음에 감사드립니다. 십자가는 우리가 잃어버린 영원한 생명을 얻는 유일한 길이라는 것을 새삼 깨닫습니다. 하나님께서 예수님을 살리셨으니 우리들도 하나님 앞에서 산 자가 되었음을 확신하게 하시옵소서.

예배위원. 하나님의 말씀이 추수감사절의 메시지로 선포되는 강단에 성령님의 기름을 부으심이 충만하게 하시옵소서. 목사님께서 저희들을 인도하실 때, 훈계와 법에서 떠나지 않겠다는 다짐을 하며 듣게 하시옵소서.

하나님의 위대하심을 찬양하도록 성가대를 세워주셨습니다. ○○성가대의 찬송으로 하나님의 영광이 예배당 안에 가득하게 하시옵소서. 회중은 그 은혜로 하나님께 더욱 가까이 나아가도록 하시옵소서.
예배위원으로 부르심을 받아 봉사하는 종들이 이른 아침부터 수고를 다하게 하시니 감사합니다. 맡겨진 자리에서 충성스럽게 섬겨, 이 한 시간을 더욱 영화롭게 하도록 하시옵소서. 예배를 섬기는 이들이 봉사하는 동안에, 사탄의 세력이 얼씬거리지 못하게 하시옵소서.

지체를 중보. 어려움에 처한 지체를 위해서 간구합니다. 그들에게 닥친 문제를 갖고 간구할 때, 그 소리가 적들에게는 수없이 많은 군대의 병거와 말발굽 소리로 들려지게 하시옵소서. 지체를 위한 눈물의 기도가 백만 군대의 함성소리로 들려지게 하시옵소서. 여리고를 무너지게 하신 은혜를 자신들에게 주신 선물로 취하게 하시옵소서.

주님의 보내심. 온 갈릴리에 두루 다니셨던 주님이 저희들에게 모델이 되어 교회의 주변을 두루 살피게 하시옵소서. 지역에서 공동체를 이루고 있는 이들에게 주님의 사랑이 되기를 원합니다. 주님의 손과 발이 되어서 도움이 필요한 이들을 섬기게 하시며, 외로운 이들에게 친구가 되어 드리게 하시옵소서. 이웃으로 함께 하게 하시옵소서.

예수님의 이름으로 기도드립니다. 아멘.

11월 4주, 24일, 대림절 첫째 주일

구속받은 만민에게 경배가 되시는 하나님,

찬양-감사. ○○의 성도에게 메시야가 오신 영광의 계절을 맞이하게 하셨습니다. 대림절을 시작하면서 저희들의 입술이 기뻐서 즐겁게 해주시옵소서. 오직 하나님만이 경배를 받으시옵소서. 저희들의 모든 생각과 정성, 사랑을 모아 예배하기 원합니다. 주님의 부르심에 믿음으로 순종하여 나와서 영과 진리로 드리는 예배를 받아주시옵소서.

회개-용서. 모든 것이 주께로부터 왔음에 하나님께 드리는데 인색하지 말았어야 하는데 그렇게 하지 못했음을 용서해 주시옵소서. 자신의 욕심을 채우려는 습관에서 벗어나지 못하여 땅의 것들을 더 가지려는데 애쓰는 삶이었습니다. 통회하는 심정이 되어 죄를 고백할 때, 주홍 같이 붉었던 죄가 씻어지고, 흰 눈처럼 희어진 것을 믿습니다.

성령님의 임재. 주님의 날, 예배하라 정해주신 시간에 한 마음으로 머리를 숙였습니다. 성령님의 충만하심으로 예배로 나아가게 하시옵소서. 빈들에 마른 풀처럼 시들어진 심령의 저희들, 약속해 주신 성령님의 임재를 기다립니다. 저희들의 심령이 생기로 소생하기를 원하여 간절히 기다리게 하시옵소서. 어느새, 습관처럼 되어버린 예배의 의식에 성령님의 단비가 내려 새 생명이 경험되게 하시옵소서.

오늘의 간구. 오늘부터 대림절이 시작되는데, 아기 예수의 오신 것을 찬양하면서 성탄절을 기다리게 하시니 감사합니다. 오늘, 저희들이 이 자리에 모인 것은 메시야를 보내주겠다는 주님의 약속이 이루어졌기 때문입니다. 하나님께서 일찍이 저희의 선조들에게 약속하셨던 대로 메시야를 보내 주셨던 처음 성탄절을 기억하게 하시옵소서. 그리고 다시 오셔서 행한 대로 심판하실 재림의 주님을 기다리게 하시옵소서.

지교회 공동체. 경건함과 거룩함으로 찬양을 드리게 하시옵소서. 생각과 마음을 모아서 여호와를 공경하는 저희들이 되게 하시옵소서. 하나님께 영광을 드림을 삶의 의미로 여기게 하시옵소서. 하나님께의 영광을 주목하며 지내도록 이끌어 주셨으니 이 시간에 기도로 나아가게 하시옵소서. 저희들의 삶이 하나님의 뜻이기를 원합니다. 삶의 자리에서 오직 하나님 여호와를 따르며 경외하게 하시옵소서.

예배위원. 대림절에, 말씀으로 생명이 풍성한 교회가 되기를 소원합니다. 하나님을 대신하여 말씀을 대언하실 목사님 위에 성령님께서 함께 하시기를 빕니다. 그 말씀을 귀하게 여겨 마음으로 받아 가르침을 그대로 지키겠다는 각오를 주시옵소서.

이 예배를 주님을 찬양하는 축제로 만들기 위하여 애쓴 성가대원들을 기억하여 주시옵소서. 그들이 저희들을 대신하여, 주님의 영화로우심을 찬미하는 것을 받아 주시옵소서. 예배의 인도를 위하여 부름을 받은 사역자들이 겸손한 마음으로 헌신하게 하시옵소서. 아론의 후손이 되어 예배의 진행을 돕는 그들이 먼저 거룩한 모습으로 자신을 바치게 하시옵소서.

지체를 중보. 치료해주시는 주님의 은총을 빕니다. 갈보리의 십자가에서 흘리셨던 보혈로 병들어 고생하는 이들의 상처를 치료하며 고쳐 낫게 하시옵소서. 질병의 세포를 소멸해주시고 생명세포가 충만해지게 하시옵소서. 신음하는 환우들의 소리를 거두시고 자비를 베풀어 주시옵소서. 육과 영이 치료받는 은혜를 보게 하시옵소서.

주님의 보내심. ○○교회가 속해 있는 이 동네를 축복합니다. 저희들에게 하나님께서 복을 주시는 동네에 대한 사랑을 갖게 하시옵소서. 주님의 자비와 복음사역으로 동네를 정복하게 하시옵소서. 더불어 지내는 이웃을 축복하는 기도를 쉬지 않게 하시옵소서. 여호와의 은혜가 이 동네에 임하여 살아가는데 좋은 땅이 되게 해주시옵소서.

예수님의 이름으로 기도드립니다. 아멘.

12월 1주, 1일, 토 - 대설

복종과 겸손을 받으시는 하나님,

찬양-감사. 하늘에서 메시야의 약속이 이루어진 12월, 첫째 주일에 예배합니다. "오호라 너희 모든 목마른 자들아 물로 나아오라 돈 없는 자도 오라." 아멘(사 55:1) 대림절의 계절에, ○○의 지체는 메시야로 오셨던 주님을 기억하여 오늘을 거룩하게 지키려 합니다. 저희들에게 성삼위 하나님의 이름에 합당한 영광을 드리게 하시옵소서.

회개-용서. 하나님을 사랑한다 하면서도 민감하지 못하여 사랑을 나타내지 못했던 삶을 고백합니다. 하나님을 최우선의 자리로 모시고, 연약한 이웃들을 섬기지 못한 죄를 고백합니다. 성도로 온전하게 세워지려고 말씀을 가까이 함에 부족하였음을 고백할 때, 하나님 앞에서 단순하게 말씀을 믿고, 따르지 못했음을 용서해 주시옵소서.

성령님의 임재. 하나님께서 거룩하게 해 주신 ○○의 지체가 마음을 다하여 예배합니다. 오늘, 저희들의 심령을 성령님께 갈급하도록 하시며 저희들의 심령에, 성령님의 충만을 내려 주시옵소서. 이로써 우리 교회를 사람 성도로 채우지 마시고,

성령님께 충만해진 공동체가 되게 하시며, 성령님의 권능이 나타나는 예배를 경험하게 하시옵소서. 저희들은 성령님을 호흡하며, 성령의 예배가 되게 하시옵소서.

오늘의 간구. 아기 예수님께서 떡집의 동네에서 나심은 주님이 생명의 양식이심을 보여주는 증거였습니다. 성탄절의 소식이 온누리에 기쁨이 되게 하시옵소서. 피곤하게 지내며, 지친 사람들에게 위로의 메시지가 되기를 원합니다. 사회적으로 소외된 사람들, 삶이 버거운 사람들에게 위로의 소식으로 전해지게 하시옵소서. 교회는 이들에게 어떤 선물이 될 것인가를 기도하며, 세상으로 들어가 섬기게 하시옵소서.

지교회 공동체. ○○의 교우를 거룩하게 하시며, 밤이나 어둠에 속하지 않도록 인도해 주시옵소서. 오직 깨어 근신하게 함으로써 천국백성의 삶에 부족함이 없게 하시옵소서. 진리를 믿고 불의를 싫어하는 공동체로 삼아주시며, 주님의 바른 교훈을 거스르지 않게 하시옵소서. 성령의 충만하심으로 온 지체들이 한 몸을 이루는 경험을 누리게 하시옵소서. 저희들은 한 몸이 되어 지내게 하시옵소서.

예배위원. 오늘도 기쁘고 반가운 말씀이기를 원합니다. 담임 목사님께서 말씀을 대언해 주실 때, 신령한 은혜를 더하여 주시옵소서. ○○의 회중에게는 주님의 십자가 길을 묵상하는 하나님의 말씀을 듣는 귀를 주시옵소서.

성가대를 구별해서 세워주셨습니다. 부름을 받은 종들이 하나님을 예배하여 찬양할 때, 여호와의 영광이 넘치게 하시옵소서. 성가대원들이 찬양으로 섬기기를 다짐하며, 시종여일하게 하시옵소서.
오늘, 예배의 순서에서 경배의 은혜를 체험하며, 담당한 이들은 자기를 살펴 봉사하게 하시옵소서. 저희들이 주일을 성수하도록 여러 위치에서 수고하는 이들에게도 은혜를 내려 주시옵소서.

지체를 중보. 주님의 교회에서 봉사하라는 직분으로 부름을 받은 종들이 주님께서 못 박히셨던 십자가를 바라보기를 원합니다. 거룩한 신분의 그들에게 거룩하게 세워지며, 불의한 자들의 조롱에도 침묵하셨던 주님을 기억하게 하실 줄로 믿습니다. 그 십자가에서 하나님께 버림을 받으실 때의 고통을 느끼게 하시옵소서.

주님의 보내심. ○○교회가 이 땅을 섬기도록 하셨음에 감사드립니다. 저희들이 지내고 있는 이 지역을 위하여 기도합니다. 어려움을 당하여 고통에 노출되어 있는 이들을 교회적으로 돌아보게 하시옵소서. 좀 더 헌신해서 하나님의 사랑을 누려야 하는 이들과 나누게 하시옵소서. 저희들이 복음으로 사용되어 그들을 섬기게 하시옵소서.

예수님의 이름으로 기도드립니다. 아멘.

12월 2주, 8일, 성서주일

만민의 찬송소리를 들으시는 하나님,

찬양-감사. 성탄의 영광을 찬송하며 예배하는 저희들의 마음에 예수님께서 다시 나시기를 빕니다. 저희들은 마음을 다하여, 하나님을 경배하고, 구주가 되시려고 나신 아기께 영광을 드리게 하시옵소서. 성탄절을 기다리는 ○○의 성도들의 마음, 마음마다 구주가 되어주신 메시야를 찬양하고, 아기 예수님을 모신 구유가 되게 하시옵소서.

회개-용서. 오늘, 성서주일을 지키도록 하신 날에, 성경이 하나님의 말씀임을 알면서도 성경을 사랑하지 못한 죄를 고백합니다. 바쁘고, 분주하다는 핑계들로 성경 읽는 일에 열심을 내지 않았음을 용서해 주시옵소서. 하나님의 말씀인 성경 읽기에 힘쓰겠습니다. 주의 말씀은 내 발에 등이요 내 길에 빛이라는 것을 늘 기억하게 하시옵소서.

성령님의 임재. 예배로 모인 ○○교회에 하나님의 영광이 가득하게 하시옵소서. 성령님께 충만하여 예배자로 나아가기를 원합니다. 성령님의 단비가 내려 새 생명으로 촉촉해진 저희들이 되게 하시옵소서. 오늘, 예배를 위하여 봉사하는 이들에게도 아론의 후손이 되어 예배를 섬기게 하시옵소서. 성령님으로 말미암아 저희들의 영이 만족한 한 시간이 되게 하시옵소서. 성령님의 바람이 불어오게 하시옵소서.

오늘의 간구. 우리로 예수님을 구주로 믿게 하시며 성경을 주셔서 감사합니다. 복음을 세상에 널리 전하도록 성서공회를 세우도록 하시고, 성경을 보급해 주셨습니다. 지나온 시간에, 대한성서공회의 성경 보급은 한국 교회의 성장에 큰 몫을 담당하였고, 세계에서 가장 성경을 많이 제작하는 기관이 되게 하셨습니다. 이 귀한 일이 우리의 사명이라고 생각합니다. 우리 교회는 더욱 이 일에 헌신하게 하시옵소서.

지교회 공동체. 저희들이 교회로 모일 때, 땅의 것들은 거절하고, 하늘의 것을 구하게 하시옵소서. 혹시라도 교회를 기회로 삼으려는 유혹을 거절하게 하시고, 하나님을 기회로 삼으려 하지 않게 하시옵소서. '주 안에서 한 몸'이라는 것을 들먹이며 자신의 이익을 구하지 않기를 원합니다. 교회를 강도의 소굴로 만드는 죄를 짓지 않도록 막아주시옵소서. 오직 '하나님께의 영광'에만 집중하게 하시옵소서.

예배위원. 성서주일에 선포되어야 될 하나님의 말씀을 기다립니다. 담임 목사님께 기름을 부어주시옵소서. 오늘, 저희들이 아멘하여 들어야만 되는 하나님의 음성에 귀를 기울이게 하시옵소서. ○○교회의 권속에게 성서주일을 지키는 말씀을 전하시도록 하시옵소서.
○○성가대의 아름다운 찬양이 있는 예배로 하나님께 영광을 돌리게 되며, 찬송의 능력을 체험하게 하시옵소서. 저희들이 경건을 다해 예배하는 동안에 몸을 다 드려서 섬기는 이들이 있음에 즐거워하며 그들을 축복합니다.
거룩한 예배로 오직 하나님께 영광이 되고, 마귀가 틈을 타지 않게 하시옵소서. 예배를 섬기는 종들에게 충성으로 봉사하게 하시옵소서.

지체를 중보. ○○의 지체에게 성도로서의 삶을 방해하고, 쓰러뜨리려고 역사하는 마귀에게 대적하도록 능력을 주시옵소서. 의심과 근심으로 흔들고, 각종 염려와 걱정거리로 평안을 빼앗고 있는 사탄을 대적하게 하실 줄로 믿습니다. 저희들 한 사람, 한 사람이 예수님을 인생의 반석으로 삼아 주님께 집을 짓게 하심을 확신합니다.

주님의 보내심. 저희들의 이웃에 재정의 부족으로 곤고하게 지내는 지체들이 있습니다. 그들에게 소유의 넉넉함을 허락해 주시옵소서. 그들을 위해 저희들의 손길을 사용하시는 줄로 믿습니다. 주님의 손이 되어서 사랑의 손길을 그들에게 내어밀도록 은혜를 주시옵소서. 하나님께서 돌아보시는 이들에게 주님의 이름으로 다가가 섬기게 하시옵소서.

예수님의 이름으로 기도드립니다. 아멘.

왕관을 드리게 하시는 왕의 왕 하나님,

찬양-감사. “보좌에서 음성이 나서 이르시되 하나님의 종들 곧 그를 경외하는 너희들아 작은 자나 큰 자나 다 우리 하나님께 찬송하라 하더라.”(계 19:5)의 은혜로 들어가게 하시옵소서. 저희들에게 여호와의 이름을 찬양하는 삶으로 살아오게 하셨음에 감사드립니다. 오늘, 하나님을 영화롭게 해드리는 예배로 나아가게 하시옵소서.

회개-용서. 성탄절을 기다리는 축제의 분위기는 있지만 저희들의 마음에 왕으로 예수님을 모시지 못한 죄를 고백합니다. 하나님의 뜻이 성취된 날, 그 거룩함이 우리의 것이 되지 않게 하시옵소서. 처음 성탄절에 동방의 박사들이 황금, 몰약, 유향을 아기 예수님께 드렸듯이 저희들은 예물 대신에, 지은 죄를 고백하고 용서를 구합니다.

성령님의 임재. 지금 이곳에, 성령님께서 강하게 임재하셔서 성령님께 충만하도록 채워 주시옵소서. 지난 이레 동안의 삶에 지친 교우들에게 그들의 영의 소원이 만족하게 되는 것을 누리게 하시옵소서. 성령님의 불로 충만해서 더러운 것들이 태워져서 소생케 됨을 누리게 하시옵소서. 지체들 각 사람이 육의 사람은 태워지고, 영의 사람이 살아나고, 새로워 하나님을 영화롭게 해드리게 하시옵소서.

오늘의 간구. 12월의 중순에 접어들면서 세상은 흰색을 경험하고 있는데, 찬바람이 매서워, 가난한 이들을 더욱 춥게 하는 지금, 하나님의 위로를 구합니다. 그들에게 추위를 견딤이 성탄의 기쁜 소식으로 위로가 되게 하시옵소서. 성탄의 영광이 어려운 중에 있는 이들에게 위로와 소망이 되게 하시옵소서. 그들이 겨울을 넉넉히 이기도록 교회가 손을 내밀게 하시옵소서. 성탄의 소식으로 섬기게 하시옵소서.

지교회 공동체. "피와 같이 붉은 죄 없는 이가 없네 십자가의 공로로 눈과 같이 되네." 아멘. 주님의 십자가가 우리에게 죄에 대하여 죽고, 승리하는 구심점이 되었음을 찬양합니다. 주님께서 우리를 위하여 자기의 몸을 내어주셨기에, 우리가 세상에 대하여 죽고 승리하는 증거를 갖게 해주셨음에 감사드립니다. 그리고 사탄을 대적하여 이기는 보증이 된 것을 잊지 않게 하시옵소서.

예배위원. 오늘, 메시지로 저희들의 심령을 새롭게 해주시옵소서. 말씀을 전해주실 목사님께 영권을 주시고 권능과 지혜로 함께 하셔서, 그 말씀으로 저희를 깨치며 저희에게 기쁨과 은혜와 소망을 갖도록 인도해 주시옵소서. 그 말씀을 생명의 진리로 받아 저희들이 세워지고, 하나님께 순종으로 응답하게 하시옵소서.

이 예배를 주님을 찬양하는 축제로 만들기 위하여 애쓴 성가대원들을 기억하여 주시옵소서. 그들이 저희들을 대신하여, 주님의 영화로우심을 찬미하는 것을 받아 주시옵소서.

귀한 지체들이 예배사역자로 선택되어 이른 아침부터 봉사합니다. 그들이 먼저 제물이 되어, 은혜 안에서 섬기게 하시옵소서.

지체를 중보. 각 사람이 처한 환경에서 어려움을 겪고 있는 ○○의 교우들에게 하나님을 바라보게 하시옵소서. 하나님의 위로해 주심을 기다리게 하시옵소서. 그들의 기도에 응답하시고, 여호와의 돕는 손을 기다려 인내하게 하시옵소서. 역경 후의 기쁨을 바라보며, 지금은 모든 것을 참아 하나님의 단련 학교를 잘 마치게 하시옵소서.

주님의 보내심. 저희들을 거리로 보내서 이 동네에 하나님의 영광이 드러나도록 선포하게 하시옵소서. 한 모퉁이에서 지나는 사람들을 보면서 축복하게 하시옵소서. 이 도시를 장악하려는 어둠의 영을 향해서 쫓아내는 명령을 하게 하시옵소서.

정의와 공의가 강물처럼 흐르는 지역이 되기를 기도하게 하시옵소서.

예수님의 이름으로 기도드립니다. 아멘.

밝은 빛을 주시는 기쁨의 주 하나님,

찬양-감사. 하늘의 보좌를 버리고 죄인들의 세상에 오신 예수님을 사랑합니다. 죄인을 위한 구세주가 오셨으니 하나님을 기쁨으로 예배하게 하시옵소서. 주님의 오심으로 죄와 저주 그리고 멸망, 사탄의 권세로부터 벗어나게 하셨음을 찬미하는 예배를 받으시옵소서. 주님의 나심은 흑암에 빠져 있던 인생들에게 기쁨의 소식이었습니다.

회개-용서. 하나님을 경외한다면서도 하나님의 뜻을 구하기에 부족했습니다. 돌이켜 볼 때, 저희들의 순종이 모자랐음을 고백합니다. 하나님의 은혜가 헤아릴 수 없이 컸음에도 불구하고, 순종의 응답에는 부족했음을 뉘우칩니다. 믿음으로 순종에 인색했음을 용서하시고, 이제라도 받은 은혜에 남김이 없는 순종으로 나아가게 하시옵소서.

성령님의 임재. 영과 진리로 시작된 예배에 성령님의 역사하심이 나타나기를 소망합니다. 예배에 나온 저희들의 심령을 성령님으로 채워 주시옵소서. 생명의 기쁨을 찬송하면서 저희들의 가슴이 성령님으로 벅차게 하시옵소서. 성령님의 임재로 경험되는 능력을 회중에게 내려 주시옵소서. 우리가 성령님께 충만해서 자신의 몸을 내어주심으로써 사랑을 나타내신 주님을 본받으려 다짐하게 하시옵소서.

오늘의 간구. 하나님의 아들이 세상에 오심은 인류에게 주신 하나님의 선물인 줄로 믿습니다. 복음이 선물이 되어야 될 이들에게로 저희를 보내 주시옵소서. 교회가 세상에 선물이 되기를 원합니다. 세상 속으로 보내주시옵소서. 저희들 각 사람이 성탄절의 선물이 되어 이웃에게로 전해지게 하시옵소서. 저희들의 사랑과 헌신으로 말미암은 섬김이 불신자들에게 첫 번 크리스마스가 되게 하시옵소서.

지교회 공동체. ○○교회는 성탄절의 계절을 세상에 복음을 전하는 기회로 삼기를 원합니다. 하나님의 아들이 세상에 오셨다는 소식을 전하면서 복음을 나누게 하시옵소서. 하나님의 사랑이 우리에게 오셨듯이, 주님과 교회에 관심이 없는 이들에게로 찾아가서 구원의 기쁨을 나누게 하시옵소서. 복음을 전하라고 이곳에 교회를 세워주셨습니다. 세상이 구원에 이르도록 돕는 교회로 만들어 가게 하시옵소서.

예배위원. 여기에 모인 저희들은 말씀을 듣기를 원합니다. 담임목사님을 하늘의 능력과 권세로 붙들어 주시옵소서. ○○교회의 권속들에게 하나님의 말씀을 전하게 하시옵소서. 살아있는 말씀으로 저희들의 심령을 새롭게 하여 거룩하심으로 옷을 입혀 주시기를 바라는 결단이 되게 하시옵소서.
○○성가대원들이 하나님의 영광을 찬양하게 하시옵소서. 몸을 드려 준비한 찬양이 이 자리를 하나님의 영광으로 가득하게 하시옵소서.
저희들이 경건을 다해 예배하는 동안에 예배당의 안팎에서 몸을 다 드려서 섬기는 이들이 있음에 즐거워하며, 그들을 축복합니다. 예배를 위한 봉사자들이 순종함으로 봉사할 때, 복 되게 하시옵소서.

지체를 중보. 우리 지체 중에, 질병으로 고통을 당하는 이들이 있어 기도하게 하시니 감사합니다. 병든 자들을 불쌍히 보시고, 치료해 주시기를 즐거워하셨던 주님의 은혜를 구합니다. 고통을 받는 주의 백성들에게 긍휼의 옷을 입혀 주시옵소서. 잠시 동안에 겪는 어려움에 처해져 있지만, 병 낫기를 기도하면서 소망을 바라게 하시옵소서.

주님의 보내심. 오늘, 예배를 폐하고, 집으로 돌아가면서 동네를 살펴보게 하시옵소서. 동네의 곳곳에 지역의 주민에게 협력하여 교회가 섬길 일들을 찾아내게 하시옵소서. 그리하여 지역을 돕는 일에 적극적으로 참여하고, 헌신해서 성탄절에 오신 주님을 보이게 하시옵소서. 교회가 지역 속으로 들어가 복음을 전하게 하시옵소서.

예수님의 이름으로 기도드립니다. 아멘.

영혼이 깨어 찬송하게 하시는 하나님,

찬양-감사. 하나님께서 살아주셨습니다. 금년의 마지막 주일에 여호와의 이름을 부르고자 모였습니다. 하나님께서 받으시기에 온전한 예배가 되게 해주시옵소서. 이 시간에, ○○의 백성에게 하나님의 살아계심을 경험하는 예배가 되게 하시옵소서. 상한 심령은 찬양과 말씀으로 치유를 받게 하시고. 준비된 하늘의 은혜를 내려 주시옵소서.

회개-용서. 지금, 겸손한 마음으로 죄를 자복하기를 원합니다. 여호와의 용서해 주심을 의지하여 회개합니다. 무엇보다도 지나온 한 해의 시간에, 하늘의 뜻을 이루어드리는 삶을 살지 못했음에 회개합니다. 주님께 민감하지 못해서 지은 죄를 고백할 때, 살리시는 은혜를 내려주시옵소서. 회개를 통해서 소성케 하심을 누리게 하시옵소서.

성령님의 임재. 교회에 주신 성령님의 충만하심에 예배로 나아갑니다. 성령님의 감동과 감화에 따라서 죄와 죽음으로부터 구원해 주신 은혜에 감사함이 있기를 원합니다. 성령님의 강한 이끌림으로 순서에 따라서 예배가 진행될 때, 하나님을 영화롭게 해드림이 되게 하시옵소서. 약속하신 말씀에 따라 다시 오실 재림의 주님을 기다리는 예배가 되게 하시옵소서. 예배하는 시간에, 성령님께서 강권해 주시옵소서.

오늘의 간구. 저희들로 하여금 한 해의 삶을 살아오게 하셨음에 감사드립니다. 1년이라는 시간 동안에 받은 은혜가 참으로 많았음에 감격합니다. 하나님께 선한 일꾼으로 살아온 것에 자부심도 느낍니다만, 돌아볼 때, 부끄러움과 눈물이 앞섭니다. 좀 더 지혜로웠다면, 좀 더 열심과 성실로 임했다면, 좀 더 겸손했었다면 하나님께 영광이 되었을 텐데 부족했음을 회개합니다.

지교회 공동체. 우리 주님의 피로 사랑하는 교회를 세워주신 하나님을 찬양하는 지체로 삼아 주시옵소서. 오늘도 죽어가는 사람들을 구원하시려고, 교회를 통하여 복음을 전파하게 하시는 하나님의 비전을 보여 주시옵소서. 교우들에게는 삶의 자리, 각각의 가정에서 주님의 증인으로 살게 하시고, 이웃에게 복음을 전하게 하시옵소서. 주님과 교회의 증인으로서 세상에서의 사명을 묵상하게 하시옵소서.

예배위원. 강단에서 하나님의 말씀을 전하실 목사님께 말씀의 능력을 더하셔서 감화가 되게 하시옵소서. 목마른 사슴과 같은 심정이 되어 있는 저희들에게 주님의 약속에 따라 복을 누리게 하시옵소서.

오늘도 찬양을 원하시는 하나님께서 지체들 중에 구별하사 거룩하게 세우셨습니다. ○○성가대 귀한 지체들의 찬양을 받아주시옵소서. 이들의 찬양을 통해서 ○○교회의 공예배가 하나님께 드려지게 하시옵소서. 회중에게도 함께 영광을 올리고, 소망을 얻게 하시옵소서.
이 시간의 예배를 위해서 봉사하는 자들로 삼아주신 하나님을 영화롭게 해드리게 하시옵소서. 불러서 세우신 종들, 순서를 담당한 지체들을 먼저 영화롭게 하시옵소서.

지체를 중보. 여호와께 존귀한 ○○의 가족, 주님의 십자가에서 새 생명의 증인이 되게 하셨음에 감사드립니다. 그 십자가의 생명으로 소망 없이 죽는 이들처럼 두려워하거나 슬퍼하지 않게 하셨음을 기억하게 하시옵소서. 비록, 우리의 몸이 병들더라도, 죽음의 그림자가 다가오더라도 소망 없는 자들처럼 두려워하지 않게 하시옵소서.

주님의 보내심. 축복하라고 하신 말씀에 따라 주변의 이웃을 위해서 기도하게 하시옵소서. 교회에 오고 갈 때, 거리에서 만나게 되는 사람들을 보면서 한 마디의 간구로 그들을 축복하게 하시옵소서. 예배하러 모인 저희들 흩어져서 돌아갈 때는 축복의 선포자들이 되게 하시옵소서. '축복자'로 파송을 받아 지역을 축복하게 하시옵소서.

예수님의 이름으로 기도드립니다. 아멘.

(2025) 1월 1주, 5일, 신년주일, 소한

살아계시고 돌보시는 하나님,

찬양–감사. 새로움으로 시작하게 하시는 1월, 첫째 주일에 시온의 영광이 빛나는 아침을 하나님께 드리려고 나아옵니다. 오늘, 저희들을 향해서 "너희 몸을 하나님이 기뻐하시는 거룩한 산 제물로 드리라."(롬 12:1) 하시니 감사합니다. 이 땅에서 살아가는 동안에 긍휼을 베푸시는 여호와의 이름을 높여 노래하게 하시옵소서.

회개–용서. 올해에도 살게 하셨으니, 지난해의 부족했던 삶을 용서해 주시옵소서. 저희들에게 처음 사랑으로 돌아가게 하시옵소서. 주님의 사랑, 십자가의 사랑을 확증하도록 새롭게 하시옵소서. 사랑하는 권속은 하나님 앞에서 산 제물이 되어 드리지 못한 것을 회개합니다. 저희들에게 주님의 사람들로 살아가도록 이끌어 주시옵소서.

성령님의 임재. 오늘, 예배를 시작하면서 성령님의 임재를 구합니다. 저희들이 모일 때, 먼저 성령님께서 좌정해 주시옵소서. 강하고 불과 같은 성령님의 임재에 ○○의 교우는 모두 두려움과 겸손으로 착석하게 하시옵소서. 하나님께 참 예배가 되도록 진행되는 순서 하나, 하나에 성령님께 감동되어서 몸을 드리게 하시옵소서. 온 교회가 성령님의 충만하심으로 들어가 그 감동에 따라 예배하게 하시옵소서.

오늘의 간구. 새날을 열어주신 하나님께 영광을 드립니다. 날을 지으시는 권능으로 이 세상의 모든 이들에게 새해의 삶을 살게 하셨습니다. 새해를 맞아들인 첫 시간에 우리나라를 축복하게 하시옵소서. 하나님께서 돌아보시며 지켜주시는 대한민국, 우리로 사랑하게 하시니 감사합니다. 교회에 모일 때, 나라를 축복하며 기도하게 하시옵소서. 나라를 위하여 기도하기를 쉬지 않는 교회로 사용해 주시옵소서.

지교회 공동체. 새해 첫날을 맞이해서 하나님의 이름은 높임을 받으시고, 복스러운 시간의 삶으로 들어가게 하시옵소서. 그리하여 여호와 우리 하나님의 이름을 찬송하며 살아가기를 원합니다. 성도의 본분을 잘 감당하게 하시고 한 주간 동안도 세상을 이기게 하시옵소서. 교회의 지체된 저희들은 주님 안에서 성도의 교제를 나누게 하시고, 가난한 자들을 돌아보게 하심으로 축복해 주시옵소서.

예배위원. 새해에, 저희에게 듣는 귀의 은혜를 내려 주시옵소서. 오늘도 생명의 말씀을 주시려고, 담임 목사님을 강단에 세우셨습니다. 목사님께 기름을 부으셔서 말씀을 전하시도록 인도해 주시옵소서.

이 시간을 영화롭게 받으시려고 ○○성가대원들에게 열심을 다하여 찬양을 준비시켜 주셨습니다. 헌신된 종들의 섬김으로 찬양이 아름다운 예배로 이끌어 주시옵소서. 대원들 한 사람, 한 사람이 하나님께 드리는 제물이 되어 하나님의 영광을 선포하게 하시옵소서.
하나님께 영광을 드리도록 봉사자들을 세워주셨습니다. 예배의 배열된 순서마다 성령님의 감동하심으로 인도되게 하시옵소서. 선택을 받은 일꾼들에게는 섬김을 다하여 진심으로 봉사하게 하시옵소서.

지체를 중보. 청지기의 사명을 감당하며 지내야 하는데, 하나님의 음성을 듣는 귀를 갖게 해주시옵소서. 성령님의 감화를 아멘으로 받게 하시고, 이끌림대로 순종하여 하나님의 뜻을 따르게 하실 줄로 믿습니다. 주신 직분으로 교회에 봉사하며 본이 되게 하시옵소서. 그들의 수고와 섬김이 선한 영향력이 되게 하시옵소서.

주님의 보내심. ○○교회가 속해 있는 지역사회를 위해서 간구합니다. 하나님의 계획에 따라 교회를 세워 주셨으니, ○○동이 복된 땅이 되게 하시옵소서. 교회가 지역에서 섬기는 단체가 된 사명을 감당하게 하시옵소서. 지금은 교회에 들어오지 않은 이들을 하나님의 백성으로 섬기게 하시옵소서. 우리 교회는 지역에서의 역할을 감당하게 하시옵소서.

예수님의 이름으로 기도드립니다. 아멘.

1월 2주, 12일

한 마음으로 기리며 찬송하게 하시는 하나님,

찬양-감사. 주의 장막에 유할 자로 구별해주시고, 주의 성산에 거할 자로 선택을 받은 지체들이 주님의 날에 하나님의 집을 찾았습니다. 여호와의 은택으로 살아왔으니 새해에는 그 은혜에 감사하여 예배하게 하시옵소서. 머리를 숙인 저희들, 영과 진리로 예배하게 하시옵소서. 이 예배에 하나님의 영광을 훼방하는 세력은 물리치옵소서.

회개-용서. 하나님 앞에서 새롭기를 결단했지만 여전히 지난날 그대로입니다. ○○의 권속이 여호와께 죄를 고백할 때, 회개의 은혜를 내려 주시옵소서. 죄악을 찾아내어 낱낱이 자복하게 하시옵소서. 이 시간에, 모든 죄를 자복하며 아무도 멸망치 않고 다 회개하기에 이르게 해주심을 믿습니다. 사유하시는 은혜로 깨끗케 하시옵소서.

성령님의 임재. 이 백성을 향하신 여호와의 긍휼로 예배하게 하셨습니다. 여기에 모인 지체에게 먼저 성령님께 충만해지게 하시옵소서. 성령의 기름 부으심이 교회에 충만하게 하시옵소서. 사랑하는 지체 중에, 누구라도 자기를 속이는 경건이나 사람에게 보이려는 마음으로 예배에 임하지 않기를 원합니다. 영과 진리로 예배하기를 원하시는 하나님 앞에서 성령님께 충만해지기를 원하게 하시옵소서.

오늘의 간구. 하나님께서 대한민국을 지켜주시고, 나라를 위하여 봉사하려는 공무원들을 세워주시니 감사합니다. 공무원으로 자원한 이들의 마음에 나라를 사랑하겠다는 결단이 있게 하시고, 국민을 위해서 봉사하려는 마음을 갖게 하신 줄로 믿습니다. 자기 자신보다 국가를 선택하여 수고하는 그들을 축복합니다. 공무원들을 슬기로우며, 지혜롭게 하시고, 근무하는 동안에 보람으로 행복하게 하시옵소서.

지교회 공동체. 우리들 주변에는 꾼이 많습니다. 주님의 교회에는 진실의 사람만 있지 꾼이 있지 않게 하시옵소서. 자신이 하나님의 사람이라고 교우와 이웃을 속이고, 또한 스스로 자기도 속여서 버려질까 두렵습니다. 사랑하는 지체는 하나님께 꾼이 되지 않고, 하나님을 사랑하는 자녀가 되게 하시옵소서. 주님께 마음을 다 드리지 않으면서도 주님을 사랑하는 척하지 않기를 원합니다.

예배위원. 생명의 말씀을 사모하게 하셨습니다. 십자가의 복음을 전하시기 위해 단 위에 서신 목사님을 붙들어 주시옵소서. 불붙는 마음으로 말씀을 선포하실 때 십자가의 사랑이 멀리 있었던 저희 심령이 회개하고 통곡의 자리로 변화되게 하시옵소서.

성가대의 찬양을 받아주시고, 그들을 따라, 저희 모두 주님의 이름을 찬양하게 하시옵소서. 주님의 성령으로 성가대원들을 이끄셔서, 마음을 다하여 찬양을 드리게 하시옵소서.

예배의 순서를 담당한 지체들에게도 자신에게 맡겨진 분야에서 거룩한 소명을 다하게 하시옵소서. 헌신된 종들에게 은혜를 더하시고, 저들이 성령님의 감동하심에 따라 섬기게 하시옵소서.

지체를 중보. 주님의 몸을 이루어가야 하는 저희들, 사랑 안에서 지체로 세워지기를 원합니다. 한 사람도 낙오자가 되지 않고, 사랑의 수고가 풍성하게 하시옵소서. 하나님을 섬기고, 교회에 봉사할 때, 사랑의 수고로 담당하게 하신다고 확신합니다. 위로부터 받은 사랑으로 주님과 교회를 위해서 수고하는 손길이 되기를 원합니다.

주님의 보내심. 저희들의 주변에 원하지 않게 어려운 일들을 만나 고통스럽게 지내는 이들에게 다가가도록 하시옵소서. 사업에 실패를 하였거나 순간적인 잘못으로 생활의 터전을 잃은 이들을 도와주시옵소서. 저희들을 그들에게로 보내셔서 기도가 되어 드리게 하시며, 하나님의 살리시는 은혜로 다시 일어서서 함께 지내게 하시옵소서.

예수님의 이름으로 기도드립니다. 아멘.

거룩한 곳에서 예배하게 하시는 하나님

찬양-감사. 오늘, 예배하는 거룩한 집에서 하나님을 찬양하는 소리가 메아리쳐지기를 원합니다. “모든 열방들아 주를 찬양하며 모든 백성들아 그를 찬송하라.”(롬 15:11)하심에 따라 찬송을 드리게 하시옵소서. 쉼 없이 떠다니던 구름도 하나님의 영광의 빛을 가리지 않게 하시옵소서. 주 하나님께만 찬양을 드리게 하시옵소서.

회개-용서. 하나님의 자비와 지켜주심으로 지내왔지만 그 은혜에 반대가 되는 삶을 살았던 저희들, 상한 심령을 드리게 하시옵소서. 죄와 허물로 얼룩졌던 삶을 그대로 통회하게 하시옵소서. 죄를 고백할 때, 십자가에서 흘려주신 주님의 보혈로 정결케 해주시옵소서. 마음을 다하여 대속의 십자가를 지신 주님의 사랑을 찬양하게 하시옵소서.

성령님의 임재. 하늘 백성으로 선택되어 예배자로 구별된 저희들, 성령님의 기름 부으심에 흠뻑 젖게 하시옵소서. 성령님의 바람이 이 시간에 불어와 저희들의 심령을 두렵고 떨리게 하시옵소서. 하나님을 영화롭게 해드리려는 저희들의 생각에, 성령님께서 충만하셔서 마음과 생각을 다스려 주시옵소서. 예배 안내자들, 헌금위원들 모두에게 성령님께 감동이 된 거룩함으로 이끌어 주시옵소서.

오늘의 간구. 주님의 교회를 이곳에 세우시고, 여기에 모인 거룩한 교우들과 함께 나라와 사회에 유익한 공공의 시설이 되게 하시니 감사합니다. 여기에 교회가 세워져 있는 것으로도 애국을 하고 있다고 확신합니다. 저희들에게 나라와 민족, 사회와 국민을 위해 간구하게 하시고, 이 나라의 미래를 위하게 하시니 감사합니다. 우리 교회는 이 사회에서 하나님의 손길로 사용되기를 원합니다.

지교회 공동체. "저 멀리 푸른 언덕에 그 십자가 위에 주 예수 나를 위하여 못 박히셨도다." 아멘. 주님의 십자가에서 우리가 주님의 죽으심에 연합한 자가 되게 하셨음을 기억합니다. 주님께서 십자가에서 죄에 대해서 죽으셨으므로 우리 또한 죄에 대하여 죽은 자로 여기게 하셨음에 감사하게 하시옵소서. 십자가로 말미암아 주님 안에서 산 자로 여기게 되었음에 감격하게 하시옵소서.

예배위원. 오늘, 선포되는 말씀으로 주님의 뜻을 이루어 주시옵소서. 하나님의 자녀들을 위해서 진리의 말씀이 준비되게 하시니 감사합니다. 목사님께서 말씀을 선포하실 때, 권능이 있는 강단이 되게 하시옵소서. 천국의 백성을 푸른 초장으로 이끌어 주시옵소서.

○○의 지체들의 찬양과 경배를 한 목소리로 표현하는 성가대원들에게 은혜를 내려 주시옵소서. 그들이 준비한 한 곡조의 찬양이 주님의 영광을 선포하는 것이 되며 입술로만이 아니라, 그들의 몸으로 부르는 찬양이 되기를 원합니다.

이 시간에도 한 시간의 예배를 영화롭게 하려고 여러 모양으로 섬기고 있는 이들에게 복을 내려 주시옵소서.

지체를 중보. 교우들 중에, 역경으로 고통을 겪고 있는 이들이 있습니다. 그들에게는 지금의 시간이 어느 때보다도 더 힘들고 마음이 아플 것입니다. 뜻하지 않은 어려움이 닥쳐서 실망과 좌절 속에 있을 그들을 위로해 주시옵소서. 낙망하여 쓰러지지 않고, 여호와의 손길로 넉넉히 이기게 하시옵소서. 그들의 간절함에 응답해 주시옵소서.

주님의 보내심. 우리 교회에, 지역사회에서 교회의 역할을 찾아내어 섬기게 하시옵소서. 교회가 지역을 복음화하며, 지역에서 빛과 소금이 되기를 원합니다. 교우들은 이 지역의 주민이니, 지역에서 주체가 되어 하나님의 나라를 이루어가게 하시옵소서. 지역의 사업에 주도적으로 참여하면서 지역 안에서 교회를 세워나가게 하시옵소서.

예수님의 이름으로 기도드립니다. 아멘.

1월 4주, 26일, 수 - 설날

천지와 만물을 다스리는 하나님,

찬양-감사. 오늘, 거룩한 날의 생명을 주시니 영광을 받으소서. 진실로 하나님의 구원이 그를 경외하는 자에게 가까우니 감사의 찬양을 받으시옵소서. 하나님의 구속하심에 대한 영광이 저희들에게 머무르리이다. 주님의 이름은 언제나 묵상해도 가슴을 뜨겁게 합니다. 저희들에게 하나님을 영화롭게 해드리는 예배로 감격하게 하시옵소서.

회개-용서. 저희들의 삶에서 주님은 흥하시고, 저희는 쇠하는 삶이어야 했는데 그리하지 못하였음을 회개합니다. 주님의 이름이 영광을 받으시도록 하는 삶이 아니고, 저희들의 유익만 추구하며 지내온 것을 고백합니다. 자신의 유익을 구하느라 불의와 타협하며 자신의 죄를 합리화하는 거짓된 신앙으로 살아온 것도 용서해 주시옵소서.

성령님의 임재. ○○교회에 성령님의 강력한 임재를 사모합니다. 저희들을 주님의 진리와 평화로 이끌어 주시옵소서. 이 복스러운 예배에서 성령님께 감동이 되어서 한 마음, 한 입으로 주님을 영화롭게 해드리기를 소망합니다. 구원의 은혜를 누리게 하신 그리스도의 피를 생각합니다. 정한 시간 동안에 드려지는 예배에서 저희들 모두에게 성령님의 강권하심에 따라 영원을 경험하게 하시옵소서.

오늘의 간구. 설날에 온 가족이 모여서 부모와 어른께 세배하고 정을 나누게 하시옵소서. 명절의 식탁공동체에서 어른들은 자녀들을 가르치고, 자녀들은 어른들께 삶의 지혜를 배우게 하시옵소서. 저희들에게는 크리스천으로서 복음을 전하는 기회로 삼게 하시옵소서. 저희들 자신이 복음이 되어서 주님의 사랑을 전하게 하시옵소서. 가족의 복음화를 위해서 전도자로 세워지게 하시옵소서.

지교회 공동체. 새해의 삶을 주셨으니, 저희들에게 하나님을 사랑하고, 하나님의 말씀을 지키는 자 되기를 소원하게 하시옵소서. 하나님을 두려워함으로 섬기는 공동체로 인도하여 주시옵소서. "엎드려 얼굴을 땅에 대고 하나님께 경배하게" 하시옵소서. 하나님을 영화롭게 해드리게 하심을 믿습니다. ○○교회가 이 땅에 있는 동안에, 향기로운 제물을 드리는 역사가 이어지게 하시옵소서.

예배위원. ○○교회의 강단이 말씀의 영으로 충만하기를 원합니다. 오늘도 말씀을 들고 단 위에 서신 목사님을 위하여 간구합니다. 목사님께 기름을 부어주시옵소서. 설교를 준비하신 목사님을 주님의 손으로 붙잡아 주셔서, 하나님의 말씀이 온전히 선포되게 하시옵소서.

오늘도 귀한 지체에게 찬양을 드리게 하셨습니다. ○○성가대원들이 하나님의 영광을 찬양하게 하시옵소서. 하나님의 영광으로 가득하게 하시옵소서. 모든 회중에게는 아멘으로 화답하게 하시옵소서.

예배를 위하여 여러 모습으로 봉사하는 이들의 심정이 주께 드림이 되게 하시옵소서. 그들의 봉사와 섬김으로 인해, 온 교회가 영과 진리로 예배하게 하시옵소서. 그들이 충성스럽게 감당하게 하시옵소서.

지체를 중보. 육신이 연약한 자에게 육신의 건강함을 얻게 하시옵소서. 믿음의 확신이 없는 자에게 믿음의 확신을 주시옵소서. 말씀이 없어서 방황하는 자에게 말씀의 위로를 받게 해주실 줄로 믿습니다. 간절히 빕니다. 살리시는 주님의 영으로 새롭게 하시옵소서. 오직 하나님의 위로와 소망을 바라며 사는 저희들이 되게 하시옵소서.

주님의 보내심. 천국백성에게 우리 지역의 옳지 않은 일들을 대적하게 하시옵소서. 주민을 괴롭히는 불량배들은 물러갈지어다. 남의 집의 재산을 훔치는 도적들은 떨며 도망칠지어다. 상점에 들어가서 주인의 생명을 위협하고 귀중품을 탈취하는 강도는 쫓겨 갈지어다. 지역을 좋은 곳으로 지켜내게 기도하는 저희들로 삼으시옵소서.

예수님의 이름으로 기도드립니다. 아멘.

2월 1주, 2일, 월 - 입춘

예배를 받으시는 영광의 주 하나님,

찬양-감사. 매서운 추위를 견디며 지내던 저희들, 2월의 첫째 주일에 나옵니다. "너희는 여호와를 만날 만한 때에 찾으라 가까이 계실 때에 그를 부르라." 아멘(사 55:6) 이 시간에, 간절한 기대와 소망을 담아 예배드립니다. 예배하기를 기뻐하는 마음으로 충만하기를 원합니다. 우리 하나님이여, 영광을 받으시옵소서.

회개-용서. 십자가로 말미암아 죄와 세상과 육신과
사탄의 세력을 이기게 해주신 것을 잊고 지냈던 지난 삶을 회개합니다. 십자가의 진리를 귀하게 여기지 않은 죄를 용서해 주시옵소서. 십자가로 말미암아 죄의 대속과 하나님과의 화목 그리고 구원을 이루신 것을 의심 없이 믿게 하시옵소서. 십자가의 은총으로 지낼 것을 결단합니다.

성령님의 임재. 예배가 시작된 지금, 여기에 성령님의 충만하신 임재를 그리워합니다. 주님의 이름으로 모인 저희들을 성령님의 충만하심으로 들어가게 하시옵소서. 하나님을 영화롭게 해드리는 경배가 되기를 원합니다. 오늘의 예배를 위하여 수고하게 된 종들에게 의와 거룩함과 착함과 경건이 바쳐지게 하시옵소서. 성령님의 기름 부으심이 넘쳐 저희들 모두에게 감격이 되게 하시옵소서.

오늘의 간구. 사회의 대중문화에 성령님의 바람이 불어오기를 원합니다. 매스미디어를 비롯한 대중문화를 전달하는 도구들이 불의해지고 있습니다. 쾌락을 조장하거나 음란함을 부추기는 현상들이 대중화되어 우리를 더럽히고 있습니다. 고결해야 될 사람의 품성을 감각적인 것들로 오염시키며, 충동적인 감각으로 지내도록 강요하는 지금의 상황을 성령님의 바람이 불어와서 거두어 주시옵소서.

지교회 공동체. 저희들을 천국백성으로 삼아주시고, ○○교회를 소망의 공동체가 되게 하셨으니 의의 심령으로 단련되게 하시옵소서. 하늘에 속한 사람으로 단련시켜 주시옵소서. 우리 교회가 주님의 몸이 되어 사명을 감당하게 하시옵소서. 교회를 이루는 지체가 오직 하나님만을 섬기고, 오직 하나님만을 위해 봉사하며, 하나님의 영광을 위하여 교제를 나누게 하시옵소서. 저희들을 거룩하게 하시옵소서.

예배위원. 목사님의 입술로 하나님의 말씀을 듣게 하시니 감사드립니다. 말씀을 받을 때, 하나님의 능력과 은혜를 받게 하시옵소서. 그 말씀에 순종하여 주님의 뜻을 성취하려는 각오를 하게 하시옵소서.

예배를 위하여 ○○성가대원들을 준비시켜주셨음에 감사드립니다. 오늘, 찬양을 준비한 지체들이 그 입술로 여호와께 영광이 되게 하시옵소서. 하나님 앞에서 벅찬 감격으로 찬양을 부르게 하시고, 저희들에게는 예배하려는 마음이 더욱 간절해지게 하시옵소서.
성령님께서 예배의 순서를 주장해 주시고, 순서를 맡은 담당자들을 붙들어 주시옵소서. 부르심을 받아 봉사하는 종들이 이른 아침부터 수고를 다하게 하시니 감사드립니다.

지체를 중보. 거룩한 직분으로 주님과 교회를 섬기게 하신 이들을 위해서 빕니다. 그들은 구별되어 부름을 받았으니 먼저, 위엣 것을 찾게 하시옵소서. 그들 중에, 어떤 이들은 위에 것을 찾는다면서도 손과 발로는 여전히 땅에 것을 구하는 것에 머무르고 있습니다. 그들에게 성령님의 기름 부으심을 내려 주시옵소서. 충성되게 하시옵소서.

주님의 보내심. 우리 교회는 지역사회에서 섬기고 사랑하는 조직이 되기를 원합니다. 저희들 각 사람은 교회의 성도이면서 지역에서는 주민으로 봉사하게 하시옵소서. 주님의 백성이 지역의 곳곳에 들어가 주님의 사랑으로 섬기게 하시고, 복음으로 소망을 나누게 하시옵소서. 지역에서의 어려움에 사랑과 봉사로 섬기게 하시옵소서.

예수님의 이름으로 기도드립니다. 아멘.

2월 2주, 9일

이제와 영원히 예배이신 하나님,

찬양-감사. 자신들의 처소에서 날마다 주님을 섬기던 지체들이 거룩한 날을 맞이하여 주님의 궁정을 찾았습니다. 천국의 백성으로 삼아주신 저희들, 주님의 발등상 앞에서 경배를 드립니다. 홀로 하나이신 하나님의 거룩하심을 찬양합니다. 오늘, 예배함으로써 하나님의 영광을 온 세상에 선포하게 하시옵소서. 영광을 하늘에 올려 드립니다.

회개-용서. 입으로 성구를 암송하면서도 행실로는 하나님의 은혜에 소망을 두지 않고 지냈음을 회개합니다. 주인이 되시는 예수님 앞에서 저희들이 스스로 주인 노릇을 했으니 진심으로 용서를 구합니다. '죄인을 불러 회개시키러 왔노라'라고 하신 예수님을 찬양합니다. 주님의 흘려주신 보혈로 죄를 깨끗이 씻어주시고 새롭게 하시옵소서.

성령님의 임재. 저희들이 예배할 때, 성령님께서 함께 해주시기를 빕니다. 성령님의 임재를 통해서 여호와의 영광이 이 자리에 있음을 깨닫게 하시옵소서. 오늘은 저희들, 성령님의 충만하심에 휩싸이기를 원합니다. 주의 백성들과 함께 하시는 하나님의 선하심을 찬양합니다. 여호와의 인자하심이 영원하심에 경배를 드리게 하시옵소서. 저희들에게 성령님께서 충만하셔서 예배를 거룩하게 하시옵소서.

오늘의 간구. 대중에게 영향력을 끼칠 수 있는 사람을 각 분야에 세워주셔서 감사합니다. 생활의 각 분야에서 그들이 갖고 있는 전문적인 지식으로 대중에게 지식을 전달하고, 통찰력을 갖게 하시니 감사합니다. 그런데, 그들 중에는 잘못된 이들도 상당수라 염려됩니다. 그들의 올바르지 않은 가치관이 우리의 생각을 오염시키기도 합니다. 선한 영향력이 넘치는 사회로 이끌어 주시옵소서.

지교회 공동체. 하나님께 드려지는 제단은 제물로 드려지기 위해서 죽는 곳이었다고 깨닫습니다. 우리 중에 누구라도 죽음에 대한 경험이 없다면 용서해 주시옵소서. 만일, 죽기를 싫어하였다면 저희들의 예배는 사람들에게 보이는 의식이었다고 고백합니다. 이제라도 돌이키게 하시옵소서. 제물로 드려질 때, 우리 교회에 하나님의 영광이 임재하시리라 확신합니다. 제물이 되셨던 주님을 따르게 하시옵소서.

예배위원. 목사님께 말씀을 주셔서 설교를 준비하게 하시니 감사합니다. 하나님의 대언자로서 생명력 넘치는 말씀으로 저희들을 감동케 하시옵소서. 주님의 말씀의 거울로 저희를 비추시고, 가르쳐서 저희들의 삶 전체가 하나님 아버지를 향한 삶이 되게 하시옵소서.

하나님의 위대하심을 선포하는 ○○성가대원들을 보아주시옵소서. 성가대원들 한 사람, 한 사람의 심령을 찬양의 영으로 충만하게 하시옵소서. 그들이 최상의 찬양을 드리기를 소망합니다.

예배위원들의 수고로 교회의 곳곳에서 봉사하는 이들의 손길을 통해서 하나님의 자녀로서 사는 은혜에 도전이 되기를 빕니다. 이로써 우리가 영과 진리로 올려 드리는 예배가 되게 하시옵소서.

지체를 중보. 저희들이 여호와 앞에서 행하는 일들에서 주님을 나타내 보이게 하시옵소서. 새 생명을 갖고 있는 자의 모습이 고백되도록 이끌어 주실 줄로 믿습니다. 살아가야 하는 핵심적인 가치를 주님에게서 찾게 하심을 깨닫습니다. 주님께서 오실 때까지 하늘나라에 마음을 두게 하시옵소서. 저 천국에 소망을 갖게 하시옵소서.

주님의 보내심. 우리 지역에서 졸지에 당한 어려움으로 눈물을 흘릴 뿐인 이들에게 긍휼을 베풀어 주시옵소서. ○○교회와 권속이 주님의 손이 되어 그들에게 사랑의 손길을 내밀도록 하시옵소서. 가난한 지체들이 황당한 가운데 있을지라도 낙심하지 않게 하시옵소서. 그들의 고난을 함께 나누고, 위기에서 건져지도록 하시옵소서.

예수님의 이름으로 기도드립니다. 아멘.

2월 3주, 16일, 화 - 우수,

전능왕 창조의 주 하나님,

찬양-감사. "존귀와 위엄이 그의 앞에 있으며 능력과 아름다움이 그의 성소에 있도다." 아멘(시 96:6) 여러 모양으로 흩어져 있던 ○○의 성도들, 한 가족으로 모였습니다. 하나님을 높이게 하시옵소서. 진심으로 그리고 정성을 바쳐 예배하게 하시옵소서. 만복의 근원 하나님께서는 존귀와 권위로 옷 입으셨음을 선포하게 하시옵소서.

회개-용서. 저희들을 세상 속으로 보내시고, 살아가라 하셨는데, 하나님께서 주시는 비전을 향한 삶을 살기에 게을렀던 죄를 고백합니다. 하나님의 나라를 바라보기보다는 눈에 보이는 현실이 더욱 크게 보였던 죄악을 용서해 주시옵소서. 이후로는 하나님의 비전에 동참하겠습니다. 오직 말씀으로 이루어질 세계를 바라보게 하시옵소서.

성령님의 임재. 예배가 시작된 이 자리에 성령님의 오심을 기다립니다. 저희들에게 성령님을 가까이 하게 하시며, 성령님의 감동으로 예배하게 하심을 즐거워하게 하시옵소서. 성령님의 기름 부으심으로 하늘의 백성이 거룩한 처소, 곧 하나님의 집에서 찬송을 드리게 하시옵소서. 성령님께서 충만하셔야만 하나님을 만나는 경험을 누리게 될 줄로 믿습니다. 성령님의 강권하시는 역사를 기다립니다.

오늘의 간구. 교회를 중심으로 주님을 닮아감과 자신을 거룩하게 함에 관심을 기울이게 하시옵소서. 주님의 고난을 당하심과 죽으심에 대한 생각을 집중하게 하시고, 주님의 남은 고난을 짊어지려는 결단을 하게 하시옵소서. 우리의 경건으로 거룩함의 분위기가 넘쳐나게 하시옵소서. 그래서 사회적으로 악한 일들이 소멸되고, 사람들에게는 살만한 환경이 조성되게 하시옵소서. 사람이 아름답게 하시옵소서.

지교회 공동체. "오 갈보리 오 갈보리 주 예수 나를 위하여 십자가에 못 박히신 보배로우신 나의 주" 아멘. 주님께서 달려 죽으셨던 십자가에서 저희들이 새 생명을 얻게 하셨음에 감사드립니다. 십자가의 은혜, 그 은혜는 잃어버린 영원한 생명을 다시 회복시키는 은혜의 원천이라고 확신합니다. 주님의 십자가에서 옛 사람의 성품이 예수님과 함께 못 박혔음을 믿게 하시옵소서.

예배위원. 목사님께서 진리의 말씀으로 저희들을 인도하실 때, 생명을 살리는 사명으로 뭇 사람들을 주께로 이끌려는 열정을 품게 하시옵소서. ○○교회에 부흥을 경험하는 역사를 보여주시옵소서.

성가대원들을 세워주셨음에 감사드립니다. 저들이 음성으로 하나님의 영광을 선포하기 전에, 여호와께 드려진 제물로 삼아주시옵소서. ○○성가대원들이 마음과 몸을 드려 찬양할 때, 하나님의 은혜를 체험하는 복된 자리로 인도해 주시옵소서.

예배하러 주의 백성들이 모인 이 교회에 하나님의 영광이 충만하기를 소원합니다. 예배의 순서를 담당한 지체들과 예배의 진행을 돕기 위하여 봉사를 맡은 이들에게 감사함으로 나아가게 하시옵소서.

지체를 중보. 어려움으로 눈물을 흘리는 이웃이 있어 기도합니다. 까닭은 모르지만 어려움에 빠져 절망을 느끼는 사람들에게 생명의 빛을 비추어 주실 줄로 믿습니다. 하나님을 찾아 어려움에서 벗어나게 하시옵소서. 긍휼의 은혜로 어려움을 이기고, 어서 빨리 평안해지도록 도와주시옵소서. 그들을 돕는 기도로 섬기게 하시니 감사합니다.

주님의 보내심. 교회가 있는 이 지역에 많은 이들이 살아가고 있습니다. 이들도 다 함께 하나님의 피조물이요, 하나님의 자녀인 줄로 믿습니다. 이제, 우리 교회를 세상에 대한 하나님의 사랑으로 지역 안으로 들어가게 하시옵소서. 지역사회를 위하여 기도하며, 협조할 일들을 찾아내게 하시옵소서. 이로써 지역 안에서 교회를 세워가게 하시옵소서.

예수님의 이름으로 기도드립니다. 아멘.

2월 4주, 23일, 토 - 삼일절

소원을 이루어 주시는 하나님,

찬양-감사. 하나님께서 주일을 복되게 하사, 이 날을 거룩하게 해 주셨으니 영광을 받으시옵소서. 저희들의 예배를 받아 주시고, 이 예배를 드린 마음으로 살아가도록 인도하시옵소서. 주님의 성령으로 속마음을 더욱 강하게 만들어 주시옵소서. 이 예배에서 하나님은 영광을 받으시고, 저희들은 거듭나는 새로움으로 태어나기를 원합니다.

회개-용서. 나라를 사랑하게 하시고, 하나님의 사람으로 민족 앞에서 사명을 다하라 하셨건만 그리하지 못했음을 용서해 주시옵소서. 나라의 독립을 위해서 구국의 제단을 쌓던 선조들의 신앙을 물려받지 못한 죄를 고백합니다. 자신의 행복을 뒤로 돌리고, 나라를 위해서 기도하는 신앙을 귀하게 여기지 않았음을 불쌍히 여기시옵소서.

성령님의 임재. 거룩한 이 시간에, ○○교회는 성령님의 임재로 충만하기를 원합니다. 성령님께 감동되어서 저희들이 찬송을 드릴 때, 진심으로 찬양하게 하시옵소서. 저희들이 기도할 때, 무엇을 빌어야 할지 입을 열어 주시옵소서. 예배하는 시간에, 깨닫게 하시고 알게 하심을 누리게 하시옵소서. 그리고 오늘은 한 날을 온전히 구별해서 성삼위로 하나이신 하나님께 영광을 돌리게 하시옵소서.

오늘의 간구. 오늘, 우리 사회를 구원해 주시옵소서. 하나님의 영이 임하여 짓누르고 있는 흑암의 세력을 거두어 주시옵소서. 거짓이 난무하는 현상이 되어버렸습니다. 거짓의 영을 몰아내어 주시옵소서. 정의를 구해야 하는데 이익을 위해서라면 불의한 것이 오히려 지혜로운 것처럼 여겨지고 있습니다. 불의의 영을 몰아내어 주시옵소서. 가치의 기준을 혼란스럽게 하는 어둠의 영을 물리쳐 주시옵소서.

지교회 공동체. 이 땅에서 지내시던 동안에 주님께서 살아가셨던 삶을 저희들의 것으로 삼고자 하는 소원을 품게 해주시옵소서. 주님께서 보여주셨던 모든 행함이 저의 손이나 발로 나타나게 하시옵소서. 주님의 말씀이 저희들에게 간절한 소원이 되고, 저희들의 말이 되기를 원합니다. 그래서 저희들의 삶은 곧 주님의 말씀이 되게 하시옵소서. 그러하기 위해서 주님께 예민하기를 원합니다.

예배위원. 말씀을 대언해주시는 목사님을 성령님의 권세와 능력으로 붙들어 주시옵소서. 목사님을 대언자로 세워 주셨으니, 그가 선포하시는 말씀을 왕 앞의 신하와 같이 겸손함으로 듣게 하시옵소서.

오늘도 ○○성가대를 세워주셨습니다. 여호와께 존귀한 지체들이 삼위일체 하나님을 저희들을 대신하여 찬양할 때, 예배당에 여호와의 영광이 넘치게 하시옵소서.

이 예배에 봉사하는 이들이 성실히 맡은 직분을 섬길 때, 몸을 드려 예배하는 은혜를 경험하게 하시옵소서. 그들의 헌신으로 더욱 영화롭게 예배를 드리니 감사드립니다. 하나님께 참 예배가 되도록 진행되는 순서 하나, 하나에 몸을 드리는 저희들이기를 원합니다.

지체를 중보. 원하지 않는 질병으로 인하여 병상에 누워있는 이들을 위해 간구합니다. 사랑의 주님께서 그들을 찾아가 주셔서, 그들의 모든 죄악을 사하시며, 환난의 시간에서 건져주시옵소서. 주님께서 깨끗하게 치료해주시고, 주님만 섬기겠다고 굳게 다짐하도록 강권해 주시옵소서. 그들을 사랑하여 간구하는 저희들이기를 원합니다.

주님의 보내심. 우리 중에 단독주택에 살고 있다면 자신의 집을 중심으로 가가호호를 다니면서 그 집을 바라보고 축복의 기도를 하게 하시옵소서. 연립주택이나 아파트에 살고 있다면 복도를 거닐면서 집집에 대하여 축복의 기도를 하게 하시옵소서. 이로써 살고 있는 지역이 하나님께 돌려지고, 거룩하게 되도록 기도하게 하시옵소서.

예수님의 이름으로 기도드립니다. 아멘.

노래를 불러 찬양을 받으시는 하나님,

찬양-감사. 대지에서 얼음이 풀리고, 그 따스함이 즐거운 3월, 첫째 주일을 맞아합니다. "왕이신 나의 하나님이여 내가 주를 높이고 영원히 주의 이름을 송축하라."(시 145:1) 하셨습니다. 하나님께서 예배를 받으시는 날에, 여호와를 송축하게 하시옵소서. 하나님을 예배하러 모인 지체들이 그 거룩한 이름을 송축하게 하시옵소서.

회개-용서. 하나님의 말씀이 말씀 그대로 이루어짐을 온전히 신뢰하지 못했던 삶을 고백합니다. 말씀이 그대로 이루어질까를 의심하며, 믿음이 없었습니다. 그러니, 기적이 나타나지 않아 하나님께 영광을 돌리지 못하였음을 고백합니다. 용서해 주시옵소서. 하나님을 더욱 신뢰하겠습니다. 저희들의 믿음 없는 것을 도와주시옵소서.

성령님의 임재. ○○의 지체에게 성령님이 충만하심을 빕니다. 성령님의 감화와 감동에, 이 땅에서 주님의 나라로 지내게 하시옵소서. 주님의 나라를 기다리지 않고, 지금, 주님의 나라로 지내게 하시옵소서. 그래서 이 시간에, 영과 진리로 주의 이름에 영광을 돌려드리게 하시옵소서. 하나님께 노래하고, 주께 찬송하는 영화로운 시간으로 삼게 하시옵소서. 하나님의 이름을 높여드리기를 원합니다.

오늘의 간구. 우리 민족의 아픔과 질곡의 역사에 하나님께서 간섭하셨음에 감사드립니다. 하나님의 섭리가 나타나서 ○○ 년 전의 이 날, 독립만세를 외치게 하셨습니다. 민족을 위해서 일어나 외치게 하셨음에 감사드립니다. 신앙 선배들이 나라의 주권회복과 자유를 얻기 위하여 헌신하게 하셨음을 배우게 하시옵소서. 우리 민족문화의 자주성과 주체성을 수호하고자 하게 하셨음을 배우게 하시옵소서.

지교회 공동체. 저희들에게 하늘의 영광과 권능을 보게 하시니 감사드립니다. 주님의 고난에 담겨져 있는 하나님의 사랑을 누리게 하시옵소서. 그 은혜로 교회가 주님 하나님 앞에서, 또한 이 세상을 향해서 맡은바 사명을 다하여, 세상에서 감당해야 될 역할을 충분히 감당하게 하시옵소서. 저희 교회도 함께 하셔서 성령의 역사로 살아 움직이며 생명력이 넘치는 교회가 되게 하여 주시옵소서.

예배위원. 하나님의 말씀이 선포될 때, 생명의 양식으로 받아 심령의 배부름을 주시옵소서. 지금, 하나님께서 저희에게 들려주시는 음성으로 들을 수 있도록 이끌어 주시옵소서.
○○성가대원들이 찬양을 드릴 때, 영광을 받아주시옵소서.

사랑하는 종들이 기도하면서 준비한 찬양으로 하나님께는 영광이 되기를 원합니다. 귀한 찬양으로 하나님을 영화롭게 해드리며, 저희들에게는 예배에의 집중이 더욱 간절해지게 하시옵소서.
오늘의 예배를 위해서도 여러 지체들이 수종을 들고 있으니 기쁨으로 봉사하게 하시옵소서. 그들이 혹시 피곤할지라도 자원하는 심령으로 드리게 하시옵소서.

지체를 중보. 교우들은 하나님께 민감하여 저희들에게 영적으로 눈을 뜨게 해주시옵소서. 주님의 사랑의 힘으로 저희들의 심령을 이끌어 주시옵소서. 더 이상 흔들리지 않으며. 불신앙의 죄에서 떠나 믿음 안에서 머무르게 하시옵소서. 주님을 향한 저희들의 마음을 뜨겁게 하시고, 임마누엘의 신앙으로 이기도록 이끌어 주시옵소서.

주님의 보내심. 요셉이 흉년을 대비해서 당시에, 애굽인들과 세상 사람들에게 양식을 주었다면, 오늘날에는 저희들이 세상에 유익을 주어야 하는 줄로 믿습니다. 우리 교회가 지역을 섬겨 사람들에게 유익이 되게 하시옵소서. 교회가 지역에서 한 공동체가 되어 사람들에게 소망이 되어 주고, 어려움을 극복하는 리더가 되게 하시옵소서.

예수님의 이름으로 기도드립니다. 아멘.

3월 2주, 9일

자기 백성을 인도하시는 하나님,

찬양-감사. 봄을 맞이하게 하시니 감사드립니다. 주님의 삶을 따르는 계절에 여호와의 이름을 높여드립니다. 저희들의 구속을 위해 하나님께서 하신 일을 즐거워하면서 그 이름을 높이는 이 시간의 예배가 되게 하시옵소서. 구원의 하나님을 경배하면서 저희들에게 능력과 찬송이 되신 여호와의 이름에 합당한 영광을 드리게 하시옵소서.

회개-용서. "자기의 죄를 숨기는 자는 형통하지 못하나 죄를 자복하고 버리는 자는 불쌍히 여김을 받으리라."(잠 28:13)고 하신 말씀을 기억합니다. 십자가에서 흘려진 보혈로 저희들의 죄를 깨끗케 해주시옵소서. 하나님의 부르심에 합당한 삶을 살아드리지 못했음을 용서해 주시옵소서. 하나님을 기쁘게 해드리는 사람이 되게 하시옵소서.

성령님의 임재. 성령님께서 여호와의 이름을 두려워하며, 여호와의 성호를 영화롭게 하며 살아오도록 하시니 감사합니다. 세상 속에서 살아가지만 저 천국에 마음을 두게 하셨습니다. 지금, 예배로 모인 지체에게 성령님의 충만을 경험하게 하시옵소서. 그리하여 "오직 주만 거룩하시다."라고 고백하게 하시며, 영광을 받으시옵소서. 성령님의 강한 임재에 이끌려서 하나님의 백성으로 경배하게 하시옵소서.

오늘의 간구. 지금, 우리 사회에서는 정의를 무시하는 행태가 빈번하게 일어나고 있습니다. 지역의 구의회, 시의회 그리고 국회의 의원들 몇 사람이 동원되어서 불법을 정법처럼 만들려는 시도가 횡행하고 있으니 이 사회를 불쌍히 여겨 주시옵소서. 자신의 권세를 갖고 불법을 만들려는 시도들이 멈추어지게 하시옵소서. 악한 일이 따로 없고, 사람이 악한 일을 만들고 있으니 이 사회를 구해 주시옵소서.

지교회 공동체. 지금, 기도하라고 재촉하시는 성령님의 음성을 받습니다. 주님께서 제자들에게 유혹에 빠지지 않기 위해서 기도하라고 하셨던 말씀을 건성으로 들었던 저희들의 영적인 태만을 회개합니다. 하나님의 아들이신 예수님께서 하나님을 자주 찾으시고, 기도를 하셨다는 말씀을 수없이 들으면서도 '그건 예수님의 생활이셨지'라고 여겼습니다. 저희들에게 간절히 기도하고, 다시 기도하게 하시옵소서.

예배위원. 말씀을 준비하심에 감사드립니다. 기름을 부어주신 종의 입술을 통해서 전해지는 말씀을 사모하게 하시옵소서. 주님의 피로 세워주신 ○○교회와 양떼를 위하여 목사님을 세워 주셨음에 감사합니다. 목사님께서 저희들을 위하여 설교

준비를 하시고, 성령님의 감동하심으로 교회를 인도하게 하시옵소서.
성가대원들이 찬양을 준비했습니다. 찬송의 노래와 함께 저들을 받아 주시옵소서. 귀한 지체들이 영과 진리 안에서 마음과 뜻을 다해서 드려지는 찬양이 되게 하여 주시옵소서.
예배를 위해서 몸을 드려 섬기는 지체, 그들이 맡겨진 자리에서 충성스럽게 섬겨 이 한 시간을 더욱 영화롭게 하게 하시옵소서.

지체를 중보. 하나님의 자비로우신 은혜로 저희를 불쌍히 여겨 주시옵소서. 막힌 담을 헐어서 길을 내어주시는 하나님을 보게 하실 줄로 믿습니다. 세상의 삶에서 힘이 들고 지친 이들에게 은혜를 내려 주시옵소서. 저희를 향하신 하나님의 뜻을 소중히 보게 하시고, 어떤 경우에도 소망을 놓치지 않게 하심을 확신합니다.

주님의 보내심. 성삼위 하나님의 하나 되심을 저희들의 것으로 삼도록 감화하여 주시옵소서. ○○의 지체에게 은총을 베푸셔서 모든 것을 믿으며, 참으며, 바라면서 하나를 이루게 하시옵소서. 이로써 사랑하는 권속이 이 땅에서 지내는 동안에 주님께서 십자가를 지시고 흘리신 보혈로 한 지체가 되었음을 늘 기억하게 하시옵소서.

예수님의 이름으로 기도드립니다. 아멘.

3월 3주, 16일, 목 - 춘분

그 이름이 찬양이 되시는 하나님,

찬양-감사. "여호와여 주께서 지으신 모든 것들이 주께 감사하며 주의 성도들이 주를 송축하리이다."(시 145:10)라고 하셨으니, 머리를 숙이게 하시옵소서. 여호와의 영광이 주님의 교회에 크게 임재하시기를 원합니다. 여호와의 집에 심겨진 나무와 같은 주님의 백성을 보시옵소서. 저희들은 하나님의 궁정에서 영광을 드리게 하시옵소서.

회개-용서. 하나님께로부터 보내어진 사람으로 살라 하셨지만 부족했습니다. 하늘 하나님께 영광을 드리도록 지내지 못하고, 죄악 속에서 뒹굴다가 나왔습니다. 용서해 주시옵소서. 하늘로부터 임한 은혜가 우리에게 임하였으나 그 영광을 드리지 못하였음을 고백합니다. 오늘, 다시 마음을 고쳐서 엎드려 경배하도록 은혜를 주시옵소서.

성령님의 임재. 성령님의 기름 부으심이 넘치는 ○○교회에 모여 하늘 아버지께 예배합니다. 저희들 각 사람에게 성령님께서 감동해 주시니 감사합니다. 날과 시간을 정하시고, 장소를 구별해주신 지금, 저희들의 예배를 받으시옵소서. 성령님의 강력한 임재 앞에서 하나님은 복되시고 유일하신 주권자이심을 선포하게 하시옵소서. 예배하는 시간에, 찬송을 드리는 ○○교회로 삼아 주시옵소서.

오늘의 간구. 각종의 이단종파가 기독의 진리를 왜곡, 홍보하고 있으니 막아 주시옵소서. 사회적인 영향력이 큰 주류 언론에서 광고비의 수익으로 이들 사이비 종파가 대대적으로 홍보를 하고 있으니, 참으로 염려스럽습니다. 이단종파에서 언론매체를 운영하여 자기들의 해괴한 주장을 퍼뜨립니다. 성령님께서 악한 일을 멈추게 하시고, 속아서 이단의 거짓된 교리에 넘어가는 자가 없도록 해주시옵소서.

지교회 공동체. "갈보리산 위에 십자가 섰으니 주가 고난을 당한 표라 험한 십자가를 내가 사랑함은 주가 보혈을 흘림이라." 아멘. 우리가 그리스도와 함께 십자가에 못 박혔으니, 이제는 습관이 되어 남은 옛 사람의 행실을 미워하게 하시옵소서. 지체들이 천국백성이 된 새 사람의 삶을 따르게 하시옵소서. 오늘 이후, 사탄의 유혹과 방해를 십자가의 은혜로만 이겨낼 수 있음을 확신하게 하시옵소서.

예배위원. 하나님의 말씀을 사모하여 기다립니다. 말씀을 대언하실 목사님께 성령님의 갑절의 영감으로 강하게 역사하여 주시옵소서. 목사님께서 진리의 말씀으로 저희들을 인도하실 때, 하나님을 사랑함에 불타는 마음을 갖고 아멘으로 듣게 하시옵소서.

○○성가대의 찬송으로 하나님의 영광이 예배당 안에 가득하게 하시옵소서. 저희들은 그 은혜로 하나님께 더욱 가까이 나아가도록 하시옵소서. 그들이 성가로 영광을 드리니 교회에 은총을 내려 주시옵소서.

오늘도 하나님께서 받으실 만한 예배가 되기 위해서 예배위원들로 하여금 봉사하도록 하셨으니 감사드립니다. 그들이 전심으로 예배를 위하여 수고하게 하시옵소서.

지체를 중보. 자신이 절망에 처해있다고 낙심에 빠져 허우적대는 교우들이 있습니다. 그들을 불쌍히 여기시고 긍휼을 베풀어 주시옵소서. 절망에 처한 이들에게 은혜를 내려 주시옵소서. 하나님의 긍휼하심으로 고통에 있는 이들에게 소망을 주시옵소서. 사람을 섬기려고 오신 주님의 모습이 교회에서 재현되게 하시옵소서.

주님의 보내심. 주변에는 "수고하고 무거운 짐 진 자들"이 참으로 많이 있습니다. 주님께서는 그들을 자기에게로 오도록 하셨는데, 저희들을 그들에게로 보내 주시옵소서. 저희들과 교회가 다가가서 섬기게 하시옵소서. 한 동네에서 살아가는 주민으로서 그들의 아픔을 함께 하고, 소망을 가지도록 사랑과 위로를 나누게 하시옵소서.

예수님의 이름으로 기도드립니다. 아멘.

3월 4주, 23일

만입으로 영광을 받으시는 하나님,

찬양-감사. 십자가에 달려 죽으신 주님을 생각하며 지내게 하셨습니다. 우리를 위하여 주님께서 고난을 당하셨음을 기억하면서 찬양을 드리며 경배합니다. 저희들을 죄와 멸망으로부터 구원해 주시려고 친히 십자가에 달리신 주님을 찬양합니다. 감사함으로 이 은혜의 역사를 이루신 하나님을 크시다 선포하는 저희들이 되게 하시옵소서.

회개-용서. 하나님 없이 한시도 살아갈 수 없음에도 스스로 살아온 것처럼 교만히 굴은 죄를 고백합니다. 하나님을 의지하지 않았던 오만함을 용서하시옵소서. 오직 하나님만 의지하겠습니다. 주께서 곤고한 백성은 구원하시고 교만한 눈은 낮추심을 기억하게 하시옵소서. 듣기는 속히 하고 말하기는 더디 하는 은혜를 누리게 하시옵소서.

성령님의 임재. 오늘도 예배당에 들어서면서 성령님의 강권하심으로 들어갑니다. 자신의 분깃에 따라 살아가던 ○○교회가 성령님의 감동 안에서 하나가 되었으니 예배하는 공동체로 영광을 드리게 하시옵소서. 성령님께서 입술을 움직여 주시는 대로, 왕이신 하나님을 높이고, 그 이름을 송축하게 하시옵소서. 성령님의 기름 부으심으로 우리 교회는 하나님을 세상에 선포하는 공동체가 되게 하시옵소서.

오늘의 간구. 우리 사회에 만연되어 있는 망국적인 적폐들을 뿌리 뽑아 주시옵소서. 성령님께서 이 민족에게 간섭해 주시옵소서. 지금은 위정자들을 믿지 못하는 세태에 이르렀습니다. 그들은 선출직이 되었는데 지금은 자신의 이익과 자신이 소속된 정당의 이익을 구하는 도구가 되었습니다. 국민에게 겸손하려 하지 않는 그들을 어떻게 해야 하는지요? 하나님께서 이 나라를 불쌍히 여겨 주시옵소서.

지교회 공동체. 주님께서 불의한 재판을 받으시고, 십자가의 저주를 당하심은 모두 저희들을 위함이셨음을 깨닫고 새롭게 감사드립니다. 그 은혜에 감사하여 주님의 남은 고난을, 주님을 따르려 함을 저희들의 몫으로 삼게 해주시옵소서. 이제, 갈보리 언덕에 있는 십자가를 바라보려 합니다. 저희들을 위하여 무덤에까지 내려가셨던 주님의 사랑에 감사하면서 거룩한 주간을 보내도록 인도해 주시옵소서.

예배위원. 하나님의 말씀이 언약이 되어 구원을 이루어주셨듯이, 다시 저희들에게 언약의 말씀이 되기를 소망합니다. 강단에 세우신 담임 목사님께 신령한 은혜를 더하여서 생명의 말씀으로 저희를 새로운 존재로 삼아주시옵소서.

여호와의 영광이 예배당에 선포되도록 성가대를 세워주셨습니다. ○○성가대원들이 하나님을 예배하는 저희들을 대신하여 찬양하는 역할을 귀하게 감당하게 하시옵소서.
예배를 위해서 성실히 맡은 직분의 자리에서 봉사하는 지체의 수고를 통해서 더욱 영화롭게 예배를 드리게 하셨음에 감사드립니다.

지체를 중보. 지금, 몸의 연약함과 중한 질병으로 치료를 받는 이들을 위하여 간구합니다. 이스라엘 백성에게는 애굽 사람에게 내린 모든 질병 중 하나도 내리지 않으셨던 하나님의 은혜를 구합니다. 우리 "나는 너희를 치료하는 여호와임이라." 라고 하신바 사랑하는 환우들에게 하루 속히 건강이 회복되게 하시옵소서. 그들의 회복된 건강으로 그들 자신과 저희들 모두 주님께 영광을 드리게 하시옵소서.

주님의 보내심. 우리 지역에 어둠의 영이 지배하고 있습니다. 밤이면 흉흉한 일들이 일어나고, 주민들은 불안에 떨기도 합니다. 서로 함께 해야 될 민심이 사나와지고, 이웃을 의심하기도 합니다. 교회가 한 음성으로 어둠의 영을 대적하게 하시옵소서. 지역사회의 방범과 치안의 유지 그리고 평안함을 위해서 교회도 참여하게 하시옵소서.

예수님의 이름으로 기도드립니다. 아멘.

무릎을 꿇어 조아리게 하시는 하나님,

찬양-감사. 완연한 봄을 느끼는 오늘, 주님의 날을 지키려는 저희들에게 거룩하게 함으로써 하나님은 영원히 우리의 아버지가 되시옵소서. 하늘의 만나와 땅의 메추라기로 살던 저희들이 예물을 갖고 나왔습니다. 믿음과 소망, 사랑의 예물을 올려드리게 하시옵소서. 아름답고 거룩한 것으로 여호와를 경배하는 예배가 되게 하시옵소서.

회개-용서. 여호와께서는 이미, 저희들의 죄를 깨끗이 벗겨주셨음을 믿습니다. 불의를 일삼으며 진리에 역행하여 죄를 지었지만 모든 죄를 용서하여 주심을 믿고 죄를 고백합니다. 말에나 행동에나 불신자들과 어울려서 지냈음을 용서해 주시옵소서. 거룩한 자리에서 주홍같이 붉은 죄가 눈처럼 희게 씻어지는 은혜를 입게 하시옵소서.

성령님의 임재. 성령님이시여, 저희들에게 충만하게 임하셔서 이미 찬양과 경배로 시작된 예배를 마칠 때까지 주관해 주시옵소서. 이 시간에 드리는 예배가 주님께서 기뻐 받으시는 산 제사가 되도록 여기에 모인 교우들에게 성령님의 강권하심으로 들어가게 하시옵소서. 성도들 한 사람, 한 사람이 자기의 의지나 생각에서 떠나 오직 성령님께서 이끌어 주심에 순종하여 예배로 나아가게 하시옵소서.

오늘의 간구. 주님께서 고난을 당하신 것을 묵상하며 지내다가 맞이한 주일 아침에 우리를 받아주시기를 원합니다. ○○의 지체들이 주일을 기다리며 맞아들인 지금, 주님의 십자가를 바라보게 하시옵소서. 늘 기도하며 엎드려 복을 구했던 저희들에게, 하나님을 구하게 하시옵소서. 하나님을 영화롭게 해드리는 지금, 하늘의 영광이 가득하게 하시옵소서. 주님의 이름에 합당한 영광을 드리게 하시옵소서.

지교회 공동체. 교회의 성도들을 성령님께서 붙드시고, 각자가 은사를 맡은 청지기가 되어 지체적인 사역을 감당하게 하시옵소서. 지체가 된 이들 모두가 하나님의 충실한 일꾼이 되어 교회 앞에서 하나님을 섬기게 하시옵소서. 예수님을 닮아 가는 삶이 되게 하시고, 연약함을 만날 때마다 하나님께 기도할 수 있도록 축복해 주시옵소서. 사랑하는 교우들, 무릎으로 지내는 공동체로 이끌어 주시옵소서.

예배위원. 목사님을 단에 세우셨음에 감사드립니다. 그의 입술을 성령님께서 주관하셔서 심령들마다 말씀을 듣게 하시옵소서. 성령의 날선 검의 말씀으로 죄악이 드러나게 하시고 회개하게 하시옵소서.

○○성가대원들이 신령과 진정의 기도가 표현된 찬양으로 최상의 영광을 드리기를 소망합니다. 함께 한 저희들도 화답하는 심정으로 여호와의 임재를 바라보게 하시옵소서. 오늘도 예배의 진행을 돕는 손길들에게 은혜를 더하여 주시옵소서. 많은 이들 가운데 예배를 위한 봉사자들이 순종함으로 섬기고 있느니 복된 봉사가 되게 하시옵소서. 성령님의 질서와 말씀이 예배하는 중에 흥왕해지는 교회가 되도록 복 주시옵소서.

지체를 중보. 오늘, 저희들에게 정치가들을 위해 기도하게 하시옵소서. 저희들의 기도만큼 그들이 세워진다고 확신합니다. 정치가들에게 하나님을 섬기는 마음을 주시옵소서. 그들이 사람을 보지 않고, 모든 일을 주께 하듯이 봉사하는 지도자들이 되게 하시옵소서. 저희들은 그들을 위해서 중보자로 세워지게 하시옵소서.

주님의 보내심. 우리 지역에도 '고독사 위험군'에 속하는 이들이 있어 저희들을 안타깝게 합니다. 홀로 지내시는 노인들, 가정이 붕괴되어 비거주 시설에서 살아가고 있는 취약계층의 사람들에게 주님의 사랑으로 다가가게 하시옵소서. 그들이 최소한의 인격적인 대접을 받으며 지내도록 돕는 사역에 교회를 사용해 주시옵소서.

예수님의 이름으로 기도드립니다. 아멘.

4월 1주, 6일

마음 열어 한 소리를 드림의 하나님

찬양-감사. 세상 죄를 지고 가는 하나님의 어린양을 묵상하는 4월, 첫째주일입니다. "여호와께 그의 이름에 합당한 영광을 돌리며 거룩한 옷을 입고 여호와께 예배할지어다."아멘(시 29:2) 주님의 고난을 당하셨음과 십자가에서 피 흘려 죽어주셨음을 묵상하던 저희들에게 하나님의 거룩함으로 들어가게 하시옵소서. 영광을 드립니다.

회개-용서. 마음으로는 경건하게 지내기를 원했지만 그렇게 지내지 못한 것을 자복합니다. 주님께서 달리신 십자가를 바라보려 하지 않았고, 감사하지 못했던 삶을 고백합니다. 주님께서 왜 죽으셔야 하셨는가를 묵상하기보다는 세상 속에서 살아가는 것에 마음을 빼앗기고 분주했습니다. 용서해 주시옵소서. 말로만 경건이었습니다.

성령님의 임재. 예배가 시작된 저희들의 머리 위로 성령님의 불이 내려오기를 간구합니다. 저희들끼리, 사람의 모습으로 예배하지 않기를 원합니다. 성령님께서 감동해 주시옵소서. 하나님은 영원하신 분으로서, 받으셔야 하는 피조물의 예배를 드리게 하시옵소서. 여기에 모인 이들이 성령님의 기름 부으심을 누리면서 이끌림을 받게 하시옵소서. 이것이 바로 영과 진리로 나아감인 줄로 믿습니다.

오늘의 간구. 우리 사회의 각 분야에서 지도자를 세워주셔서 그들이 사회를 이끌게 하시니 감사합니다. 그러나 그들 중에 일부는 자신이 속해 있는 집단이나 자기 자신의 이익을 위해서 사회를 선동하는 말들을 하여 저희들을 염려스럽게 합니다. 지도자로서 자신보다는 사회에 유익을 끼침에 주목하게 하시옵소서. 무책임한 언행으로 사회를 혼란스러움에 빠뜨리지 않도록 성령님께서 강권해 주시옵소서.

지교회 공동체. 하나님의 아들이 사람이 되어 이 땅에 오셨음에 마음을 모아 주시옵소서. 이웃을 섬기고, 이웃에게 기쁨이 되는 삶으로 살아가게 하시옵소서. 이를 위하여 교회를 이루고 있는 모든 지체가 말씀으로 양육 받게 하시고, 봉사하고, 섬기며, 교제하게 하시옵소서. 우리 교회의 여러 기관들이 부흥케 하시옵소서. 교회가 부흥하므로 사회가 살아나고 냄새나는 곳에 소금이 되게 하여 주시옵소서.

예배위원. 이제, 하나님의 말씀을 기다립니다. 저희들의 심령을 갈보리에서 흘려주신 십자가의 보혈로 적셔주시옵소서. 목사님을 세우셔서 하늘 양식의 말씀을 진설하게 하심을 감사드립니다. 하나님의 종으로 기름을 부으신 목사님을 세워주심에 감사드립니다. 종이 전해주시는 말씀에 순종하게 하시옵소서.
○○성가대원들이 마음과 몸을 드려 찬양할 때, 하나님의 은혜를 체험하는 복된 자리로 인도해 주시옵소서. 하나님을 하나님으로 높여드리는 찬양이 되게 하시옵소서.
예배의 진행을 돕고, 성도들의 편의를 위하여 봉사하는 지체들의 헌신을 받으시고, 사탄의 세력이 얼씬거리지 못하게 하시옵소서.

지체를 중보. 오늘, 교회의 직분자들이 천국백성으로서 주님과 교회를 위하여 구별되었음에 감격하게 하시옵소서. 그들 자신이 자기에게 성전을 이루어가게 하시옵소서. 선택을 받았으니 하늘의 영광을 바라보면서 섬기게 하실 줄로 믿습니다. 저희들이 세상 속에서는 이웃을 섬기고, 이웃에게 기쁨이 되는 삶으로 살아가게 하시옵소서.

주님의 보내심. 우리 교회가 지역을 섬기고, 성도들은 지역의 커뮤니티로 들어가서 저희들은 지역에서 하나님의 나라를 세워가게 하시옵소서. 교회로부터 지역의 봉사자로 파송이 되어 사회봉사라는 일을 담당하게 하시옵소서. 우리 교회가 갖고 있는 다양한 자원이 활용되어서 지역을 보다 나은 사회로 계발시킴에 협력하게 하시옵소서.

예수님의 이름으로 기도드립니다. 아멘.

4월 2주, 13일, 종려주일

빛나고 높은 보좌의 하나님,

찬양-감사. 십자가의 보혈로 의로움을 입은 자들이 예배하러 나옵니다. 오늘은 저희들에게 종려주일로 지키도록 하셨으니, 죽으시려고 예루살렘 성읍으로 들어오셨던 주님을 기억합니다. 죄가 없으신 주님, 하나님의 아들이 제물이 되어주셨음에 찬양과 영광을 드립니다. 오늘, 예배로 나아오는 저희들에게 십자가를 바라보게 하시옵소서.

회개-용서. 십자가로 말미암은 구원의 진리에 민감하지 못한 죄를 회개합니다. 스스로 제물이 되어주신 그 은혜에 민감하지 못하고, 세상에서 가져야 하는 것, 누리고 싶은 것들에 마음을 내어주고 살아왔음을 회개합니다. 나의 죄 때문에, 나의 구원 때문에 아버지께로부터 버림을 받으신 주님을 생각하지 못한 죄를 고백합니다.

성령님의 임재. 성령님의 영화로우심이 이 시간에, ○○교회 안에 내려와 주시기를 빕니다. 저희들 모두 함께 거룩한 예배의 자리로 나아가려 하니, 성령님께서 마음과 생각을 다스려 주시옵소서. 그리하여 감사함으로 그 문에 들어가며, 찬송함으로 그 궁정에 들어가서, 그에게 감사하며, 그 이름을 송축하게 하시옵소서. 성령님께서 이 자리에 오셔서 함께 하시는 예배, 강권하시는 예배가 되게 하시옵소서.

오늘의 간구. 오늘, 종려주일에 저희들은 예수님을 만왕의 왕으로 맞아드리기를 원합니다. 예루살렘으로 들어오실 때, 사람들이 주님을 맞이했던 그날의 감격으로 주님을 맞아들이게 하시옵소서. 고난을 당하시려고 스스로 예루살렘으로 오셨던 주님이 저희들의 길이기를 원합니다. 그 길은 세상을 섬김이라고 여깁니다. 저희로 주님의 사랑을 실천하게 하시며, 이웃을 위하여 기도하게 하시옵소서.

지교회 공동체. 하나님의 자녀는 하나님께 속하였고, 독사의 새끼는 세상에 속한 줄로 믿습니다. 오늘, 저희들은 하나님께 속해서 지내기를 원합니다. 저희들이 구할 것은 아버지의 영광이라고 믿습니다. 그러므로 우리 교회는 진리의 편에 있지 않은 것들은 어떤 위협이나 손해가 오더라도 저항하게 하시옵소서. 저희들 자신에게서도 저항하기를 원합니다. 하나님께 불의한 것들에서 저항하기를 원합니다.

예배위원. 종려주일을 지키고 있는 지금, 말씀을 내려 주시옵소서. 강단에 세우신 목사님을 붙잡아 주셔서 진리의 말씀을 준비하신 그대로 선포하게 하시옵소서. 저희들은 그 말씀을 받아 그대로 따르는 삶을 살아드리려 다짐하게 하시옵소서.

하나님을 영화롭게 해드리려는 성가대원들에게 기름을 부어주시옵소서. 그들의 찬양에, 이 전에 영광이 가득하기를 빕니다. 성도들도 화답하게 하시며, 온 교회가 하나님께 영광을 드리게 하시옵소서.
이 한 시간의 예배에 일꾼으로 선택되어 봉사하게 된 종들을 거룩하게 하시옵소서. 순서를 섬기는 종들은 예배의 청지기로서 감격과 감사함으로 수종을 들게 하시옵소서.

지체를 중보. 하나님은 장애인에게 긍휼하실 줄로 믿습니다. 저희들은 보고 읽을 수 있으나, 그렇지 못한 이들이 있어 그들을 생각합니다. 듣고 싶어도 들을 수 없는 이들을 기억합니다. 저희들은 아무 때라도 누구와 이야기할 수 있으나, 이야기할 수 없는 이들이 있음을 잊지 않기를 원합니다. 그들을 불쌍히 여겨 주시옵소서.

주님의 보내심. 세상을 사랑하셨던 주님의 마음으로 세상에 들어가게 하시옵소서. 오늘도 지역사회에서 세상의 사람들과 함께 지내고 있습니다. 저희들이 먼저 하나님의 자녀로 선택을 받았을 뿐, 그들도 하나님의 자녀인 줄로 믿습니다. 그들과 함께 하며 친구가 되어주고, 돕는 손길이 되어서 선한 영향력을 끼치게 하시옵소서.

예수님의 이름으로 기도드립니다. 아멘.

소리를 모아 찬송이 되시는 하나님,

찬양-감사. 부활절, 하나님의 집을 그리워하여 이 날을 기다렸던 주의 자녀들이 여호와를 즐거워하게 하시옵소서. 하나님께서 예배를 받으시는 날에, 여호와를 송축하게 하시옵소서. 하나님을 예배하러 모인 지체들이 그 거룩한 이름을 송축하게 하시옵소서. 이 한 시간의 예배에서 저희들은 즐거운 소리로 공교히 연주하게 하시옵소서.

회개-용서. 부활의 신앙이 없이 살아온 죄를 회개합니다. 참으로 회개하게 하사 죄로부터 온전한 자유인이 되게 하시옵소서. 주님의 보혈로 저희들을 깨끗하게 하사 자유의 종이 되게 하셨는데 그 사실을 확신하지 못하고 지내왔습니다. 용서해 주시옵소서. 밝은 빛을 지향하며 오로지 자유인으로 살도록 하셨음을 확실히 알게 하시옵소서.

성령님의 임재. 성령님이여 이 시간에, 우리에게 불처럼, 바람처럼 내려오시옵소서. 우리 교회와 교우들을 감화시켜 주시옵소서. 하나님께서 예배를 받으시는 날에, 우리 교회의 예배에 기름 부으심이 충만하시옵소서. 그리하여 저희들은 한 몸이 되어서 여호와를 송축하게 하시옵소서. 하늘 아버지의 거룩하신 이름을 송축하게 하시옵소서. 성령님의 감화에 따라 즐거운 목소리로 연주하게 하시옵소서.

오늘의 간구. "원수를 다 이기고 무덤에서 부활하셨네!" 주님께서 죄인을 위하여 죽으셨다가 죄인을 위하여 다시 살아나신 날, 영광을 바칩니다. 하나님께는 영광을 선포하고, 다시 사심으로써 저희들을 억누르고 있는 절망을 거두어주신 예수님을 즐거워하게 하시옵소서. 이 땅이 아무리 어둠이 심하고, 희망이 보이지 않아도 저희들이 전혀 낙심하지 않게 하셨으니 소망 중에 주님을 바라보게 하시옵소서.

지교회 공동체. "놀랍다 주님의 큰 은혜 우리의 죄를 속하시려 갈보리 십자가 위에서 어린 양 보혈을 흘렸네." 아멘. 오늘, 저희들을 십자가의 은혜로 적셔 주시옵소서. 우리가 짊어지어야 하는 십자가를 단 마음으로 지게 하시옵소서. 십자가의 예수님을 좇아가게 하시옵소서. 하나님께서는 바로 이 십자가를 통해서 죄를 이기는 승리를 약속해 주셨다고 믿습니다. 그러니, 십자가로 살아내게 하시옵소서.

예배위원. 이 시간에 진리와 은혜의 말씀을 듣게 하시옵소서. 예배를 인도하시는 목사님 위에, 이제까지보다도 더욱 뜨거운 성령님으로 붙들어 주시옵소서. 설교를 준비하신 목사님에게 성령의 능력이 더해지기 원합니다. 지혜로 말씀을 전하게 하시기 원합니다.
성가대원들을 축복합니다. 여호와의 기름 부으심으로 영화로운 찬양이 되게 하시옵소서. 그들의 심령을 주장해 주시옵소서. 믿음과 사랑으로 찬양을 드리는 성가대원들이 되기를 원합니다.
예배가 진행되는 순서 순서에서 받은 은혜로 입술을 열어 하나님의 높으심을 찬미하게 하시기 바랍니다. 예배를 위하여 섬기는 손길을 통하여 구원받는 숫자가 날마다 더하여지도록 축복해 주시옵소서.

지체를 중보. 저희들이 누리고 있는 은혜가 고통 중에 있는 이들에게는 더욱 풍성하게 나타나기를 소망합니다. 불쌍히 여겨 주시옵소서. 여호와의 능력이 임하여 고통의 구름을 몰아내어 주시고, 은혜를 베풀어 주시옵소서. 지금은 고통의 중심부를 지나지만 곧 고통이 물러가고, 소생케 하실 것을 확신합니다. 은총을 내려 주시옵소서.

주님의 보내심. 주님께서 장애인들에게 긍휼하심으로 대하신 것을 기억합니다. 하나님께서 장애인들을 특별히 아끼시는 것을 깨닫습니다. 저희들로 하여금 장애인들을 돌아보게 하시고, 그들을 섬기게 하시니 감사드립니다. 장애인들을 거저 도울 수 있도록 마음을 열어 주시며, 주님의 손과 발이 되어 그들을 이웃으로 섬기게 하시옵소서.

예수님의 이름으로 기도드립니다. 아멘.

4월 4주, 27일

복의 근원이신 나의 하나님,

찬양-감사. 부활절 후에, 부활의 신앙으로 지내온 천국백성이 하나님을 경배합니다. 저희의 작은 가슴들을 크게 벌려 아버지의 영광을 찬양하며, 예배합니다. 죄를 이겼음을 확인하고, 거룩하게 지낼 것을 날마다 결단하던 저희들입니다. 온전히 영화롭게 해드리게 하시옵소서. 입술을 열어 하나님의 높으심을 찬미하게 하시옵소서.

회개-용서. 예수님의 부활로 죄를 이기게 되었음을 확신해야겠건만, 부활이 없는 자들처럼 살아온 것을 회개합니다. 하늘을 사모해야 하면서도 눈에 보이는 것, 마음을 즐겁게 하는 것에 매달려 주님이 없는 삶을 살았음을 자복합니다. 주님께 영광을 드리지 못하였음을 용서해 주시옵소서. 생각과 행실을 부활의 신앙으로 채워주시옵소서.

성령님의 임재. 예배하는 저희들에게 성령님께서 단비처럼 내려오셔서 우리 하나님의 보좌는 하늘에 있음을 찬송하게 하시옵소서. 성령님의 바람 같은 손길을 예배하는 한 시간 동안에 느끼게 하시옵소서. 성령님의 강권하시는 감화로 마음을 다하고, 몸을 다하며, 뜻을 다하여 드리는 예배를 경험하게 하시옵소서. 그 놀라운 감동으로 오직 성삼위 하나님의 이름에 영광, 영광을 드리게 하시옵소서.

오늘의 간구. 십자가에서 이루어진 주님의 새 생명을 받게 하셨음에 감사드립니다. 십자가로 말미암아 예수님의 죽으심에 연합하고, 예수님의 부활에 연합하여 새 생명을 가졌음에 감사드립니다. 주님께서 달려 죽으실 때는 참혹한 십자가였지요. 그 십자가를 통해서 부활하셨으니 영광의 십자가로 다가옵니다. 그 십자가에서 다시 살아나시고, 죽음을 이기셨음을 찬송하게 하시옵소서. 그 은혜로 저희들에게도 하나님 앞에서 산 자가 되었음을 확신하게 하시옵소서.

지교회 공동체. 사랑하는 교우들, 하나님께 집중하여 지내도록 복을 더하여 주시옵소서. 그리하여 오늘도 삶의 현장에서 보여 주시는 것들에 의해서 하나님의 음성을 듣게 하시옵소서. 땅에 속하여 눈에 보이는 것에 마음을 빼앗기지 않도록 인도해 주시옵소서. 시시각각으로 부딪치게 되는 환경의 변화와 예상하지 못했던 사건들에서 하나님의 음성을 듣기 원합니다. 문제들을 해결하는 중에, 승리를 맛보게 하시옵소서.

예배위원. 말씀을 들려주실 목사님께 기름을 부으셔서 ○○교회의 권속들에게 말씀을 전하게 하시옵소서. 말씀을 전하실 때, 위로와 치유의 역사가 나타나기를 소망합니다.

여호와의 백성을 위해서 말씀을 준비해 주셨음에 감사드립니다. 말씀으로 하나님의 구원하심을 보는 복된 시간이기를 원합니다.

○○성가대원들이 아름다운 찬양으로 영광을 드릴 때, 온 성도에게는 예배하려는 마음이 더욱 간절해지게 하시옵소서. 이 자리를 하나님의 영광으로 가득하게 하시옵소서.

여러 모양으로 수종을 드는 종들을 세우셨음에 감사드립니다. 하나님의 영광을 나타내는 이들에게 벅찬 감격의 시간이 되게 하시옵소서.

지체를 중보. 질병으로 인하여 고통을 받는 지체들이 있습니다. 우리가 병들었을 때, 고쳐 줄 것이라는 하나님의 말씀을 기억하니, 치유의 은총을 베풀어 주시옵소서. 질고로 말미암아 슬퍼하는 자들에게 위로를 다시 얻게 하심을 믿습니다. 고통을 다루시는 주님께서 어서 속히 고통의 늪에서 건져 주시고, 연약한 심령들을 도와주시옵소서.

주님의 보내심. ○○의 성도라면 지역으로 파송되기를 기뻐하여 지역의 곳곳을 섬기게 하시옵소서. 지역의 구석구석을 살펴서 개인적으로 섬길 일, 교회가 나서서 섬겨야 될 일들을 찾아내어 헌신함으로써 복음사역이 되도록 하시옵소서. 우리 교회가 지역의 주민들과 함께 보다 나은 삶의 터를 만들어 가게 하시옵소서.

예수님의 이름으로 기도드립니다. 아멘.

5월 1주, 4일, 어린이주일, 월 - 어린이날, 목 - 어버이날

할렐루야로 찬양이신 하나님,

찬양-감사. 인생에게 가정을 주시고, 영광을 돌리라 하시는 5월, 첫째 주일에 예배합니다. 주님의 날을 어린이주일로 지키게 하시니 감사합니다. 어린이를 사랑하면서 거룩함으로 찬송을 드리게 하시옵소서. 오늘은 주님의 날, 주님의 영광, 생각과 마음을 모아서 여호와를 공경함으로써 예배하는 저희들로 삼아 주시옵소서.

회개-용서. 천국의 시민권을 갖고 있으면서도 천국보다는 세상의 열락을 즐겼던 지난날을 고백합니다. 이 땅에서 지내는 동안에 신분을 잃고, 주님을 영화롭게 해드리지 못한 죄를 용서해 주시옵소서. 하늘 백성이 되었으면서도 땅의 것들에 마음을 두었음을 용서해 주시옵소서. 이 세상을 사랑하거나 섬기지 않기를 다짐하게 하시옵소서.

성령님의 임재. 급하고 강한 바람 같은 성령님의 임재를 기다립니다. 여기에 모인 이들, 주 하나님의 사랑을 입고 지내던 지체들입니다. 한 생각, 한 입술로 예배를 기다려 주신 하나님을 찬송합니다. 성령님의 감화를 사모하면서 주님의 이름을 높

이 불러 찬송할 때, 저희들의 심령이 위로부터 내려지는 은혜에 젖어지게 하시옵소서. 성령님의 감화에, 죄악을 애통해하며, 거룩함에로 결단하게 하시옵소서.

오늘의 간구. 어린이들이 사랑을 받으면서 자라게 하시옵소서. 부모로부터, 형제들에게서, 친구들부터 아낌이 없는 사랑을 받게 하시옵소서. 사랑의 풍요로움을 경험하여 정서적으로 온전한 성장이 있기를 원합니다. 그 사랑을 통하여 하나님이 사랑의 풍성함을 깨닫고, 하나님을 더 가까이 하는 삶을 사모하게 하시옵소서. 어린이들이 효도를 다함으로써 부모 공경으로 말미암은 은혜를 누리게 하시옵소서.

지교회 공동체. 이 시대에 교회를 향한 주님의 요청이 무엇인지 분별해서 주님의 형상을 더욱 분명하게 드러낼 수 있는 교회가 되도록 이끌어 주시옵소서. 저희들의 신분이 빛으로 바뀌었으니 빛의 자녀들처럼 행하게 하시옵소서. 그리하여 주님으로 말미암은 저희들의 빛을 이방 사람 앞에 비취게 하시옵소서. 그래서 이방인들이 저희들의 착한 행실을 보고, 하나님께 영광을 돌릴 수 있게 하시옵소서.

예배위원. 생명의 말씀이 흘러나와 이 교회를 덮게 하시옵소서. 하늘의 백성들에게 은혜를 주시려고 목사님을 단에 세우셨음에 감사드립니다. 그의 입술을 성령님께서 주관하셔서 이 백성들이 말씀을 듣게 하시옵소서. 어린이주일에 받아야 하는 진리로 풍성하게 하시옵소서.

○○성가대원들을 준비시키셨음에 감사드립니다. 하나님 앞에서 찬송을 맡은 이들이 벅찬 감격으로 찬양을 부르게 하시고, 저희들은 예배하려는 마음이 더욱 간절해지게 하시옵소서.

오늘도 자원하는 심정을 가지고, 봉사하는 일꾼들이 있습니다. 맡은 자리에서 예배의 진행을 돕는 손길들에게 은혜를 더하여 주시옵소서. 그들이 더욱 충성스럽게 감당하게 하시옵소서.

지체를 중보. 직분자로 구별을 받았지만 거룩함에 이르는 결단을 하지 못한 이들을 위해서 기도합니다. 그들에게 다시 한 번 속사람을 깨끗하게 하시고, 더러운 것은 성령의 불로 태워 주시옵소서. 자기를 삼가지 못하고 교회에 덕을 끼치지 못한 그들입니다. 죄를 말끔히 씻어 주시고, 성령님의 충만하심으로 다시 한 번 불붙게 하시옵소서.

주님의 보내심. 주님의 교회가 이 지역에서 선한 영향력이 되기를 원합니다. 교회가 지역사회에서 함께 하는 시설이 되어 동네에 유익이 되어주는 역할을 감당하게 하시옵소서. 우리 교회의 성도들이 각 사람이 지역공동체의 한 사람이 되어서 지역을 섬기게 하시옵소서. 교회에서 지역으로 파송되어 섬기는 역할을 감당하게 하시옵소서.

예수님의 이름으로 기도드립니다. 아멘.

5월 2주, 11일, 어버이주일

사랑이 끝이 없으신 하나님,

찬양-감사. 저희들이 하나님께 충성하지 못했음과 같이 부모에게도 효도를 다하지 못하고 오늘을 맞이했습니다. 어버이를 생각하며 영광을 찬송으로 표현하게 하시옵소서. 저희들은 인생의 어버이이신 하나님을 경배하는 마음으로 나아왔습니다. 하늘의 자녀들은 어버이를 주신 은혜에 감사하여, 받으셔야 될 영광을 드리게 하시옵소서.

회개-용서. 하나님 앞에서 부모님을 공경하고, 기쁨으로 섬겨야 하였으나 그러하지 못한 죄를 회개합니다. 자녀들에게는 아낌없이 쓰면서도 연로하신 부모님을 섬기는 데는 인색하였다고 깨닫습니다. 부모님께 효도하면서 하나님을 섬김으로 나아가지 못했음을 회개합니다. 저희들에게 부모님을 공경하기를 결단하게 하시옵소서. 아비에게 청종하고, 어미를 경히 여기지 말라는 말씀으로 살게 하시옵소서.

성령님의 임재. 성령님의 기름 부으심이 ○○교회에 충만하기를 원합니다. 여기에 천국백성이 모여왔으니, 저희들 각 지체에게 성령님의 임재로 감화를 받게 하시옵소서. 예배한다는 생각에 마음이 즐겁고, 심령은 기쁨으로 차오르게 하시옵소서. 우리 교회에 속한 남녀노소 모두가 입술을 드려 하나님을 영화롭게 해드리게 하시옵소서. 성령님의 임재는 저희들에게 축제인 것을 깨닫습니다.

오늘의 간구. ○○의 지체에게 부모를 공경하며 지내는 가정에서 하나님의 나라를 경험하게 하시옵소서. 참으로 부모님께 가장 효도하는 것은 부모님을 주님께 인도하는 것임을 깨닫게 하시옵소서. 부모에 의해서 저희들은 하나님의 약속을 누리게 하시옵소서. 아직도 주님께로 인도하지 못한 부모님이 있다면 하루 속히 주님이 재림하시기 전에 빨리 주님을 영접할 수 있도록 인도해 주시옵소서.

지교회 공동체. 우리 교회의 교우들은 늘 깨어서 자기를 지켜 다스리게 하시옵소서. 곡식이 많이 자라야 될 심령이 가라지로 가득할까 두렵습니다. 그러니, 저희들은 성경의 가르침이 아닌 것에 흥미를 갖지 않게 하시옵소서. 오직 아버지로부터 말씀 듣기를 사모하게 하시옵소서. 알곡과 가라지, 진짜와 가짜를 구별하도록 성령님께 충만하게 하시옵소서. 모두가 진짜, 모두가 알곡이 되게 하시옵소서.

예배위원. 강단에서 생명과 진리로 이끄실 목사님께 성령님과 지혜에 충만케 하셔서 말씀을 대언하시는 종과 그 말씀을 받는 저희들에게 하나님의 말씀으로 흥왕함을 보게 하시옵소서.

이 예배를 영화롭게 하는 성가대원들에게 찬양의 은혜를 내려주시옵소서. 회중도 함께 성가대가 되어 찬양 드리기를 원합니다. 그들이 준비한 한 곡조의 찬양이 주님의 영광을 선포하는 것이 되며 입술로만이 아니라, 그들의 몸으로 부르는 찬양이 되기를 원합니다.
이 시간에, 예배의 진행을 돕고, 성도들의 편의를 위하여 봉사하는 지체들을 세워주셨음에 감사드립니다. 예배당의 도처에서, 주방에서 수고하는 그들을 복 되게 하시옵소서.

지체를 중보. 마음의 문을 연 저희들의 심령에 성령님께서 들어오시기를 원합니다. 성령님의 충만하심으로 소망의 풍성함에 이르게 해주시옵소서. 생각과 마음을 모아서 여호와를 공경하게 하실 줄로 믿습니다. 그러니, 오늘도 영생의 말씀으로 저희들의 삶을 지어 주시옵소서. 오직 그 말씀에 순종하여 열매를 맺는 삶이 되게 하시옵소서.

주님의 보내심. 우리 교회가 이 지역에서 하나님의 나타나심이 되기를 원합니다. 교우들 각 사람이 주님의 모습이 되어 지역의 주민들을 대하게 하시옵소서. 주님께서 사람들의 필요를 채워주셨듯이 저희들도 그렇게 하기를 원합니다. 주님의 사랑과 자비를 나누게 하시옵소서. 저희들의 교제를 지역의 주민들과 함께 하게 하시옵소서.

예수님의 이름으로 기도드립니다. 아멘.

5월 3주, 18일, 수 - 소만

하늘에 계신 여호와 하나님,

찬양-감사. 주일을 주시고, 이 날을 지키게 하셨으니 영광을 드립니다. 홀로 영광을 받으시고, 그 이름을 세상 만방에 알리셔야 하는 우리 하나님께로 나왔습니다. 은혜의 옷을 입은 백성들이 이날을 거룩하게 여기도록 해주시옵소서. 예배의 날로 정하신 여호와께 머리를 숙였습니다. 저희들의 몸은 하나님께 드려지는 예물이게 하시옵소서.

회개-용서. ○○의 지체에게, 회개의 영을 부어주시옵소서. 배우고 확신한 일에 거하여 지냈어야 마땅한데, 그렇게 하지 못한 지난 시간들을 회개합니다. 성경을 읽고, 묵상함으로써 구원에 이르는 지혜를 구해야 하는데 게을렀음을 용서해 주시옵소서. 하나님의 말씀만이 저희를 죄로부터 떠나게 하심을 다시금 확신하게 하시옵소서.

성령님의 임재. 예배하는 시간에, 성령님의 은사들을 경험하는 공동체가 되게 하시옵소서. 저희들은 성령님의 충만하심에 따라 그 감화로 찬송을 불러 드리게 하시옵소서. 우리 하나님의 영광스러움을 찬양할 때, 천사들도 흠모하는 노래를 드리게 하시옵소서. 오직 영과 진리로 마음을 묶은 성도들이 다만 하나님을 높이는 예배를 드리게 하시옵소서. 하나님의 영광을 가로채려는 마귀를 물리쳐 주시옵소서.

오늘의 간구. 우리나라의 초, 중, 고등학교에서 봉사하는 교사들을 위하여 간구합니다. 그들에 의해서 아이들에게는 지적인 배움이 있게 하시며, 하나님의 형상을 회복되기를 원합니다. 그들이 하나님의 성품과 지혜로 학생들을 가르치게 하시옵소서. 크리스천 교사들에게 사명감을 가지고 학생들을 가르치며, 불의와 타협하지 않으며, 기도하는 교사들이 되게 하시옵소서. 교사들을 일으켜 주시옵소서.

지교회 공동체. "십자가 십자가 내가 처음 볼 때에 나의 맘에 큰 고통 사라져 오늘 믿고서 내 눈 밝았네 참 내 기쁨 영원하도다." 아멘. 오늘, 지체들은 모두 십자가의 증언자로 세워져서 자기들이 머물러 있는 자리에서 주님의 증인이 되게 하시옵소서. 주님의 피가 아직도 뜨거운 십자가를 전함에, 뜨겁기를 원합니다. 십자가 위에서 예수님에게는 죽음이 주어졌고, 인생에게는 생명이 주어졌음을 확신합니다.

예배위원. 저희 교회에 말씀의 영이 임하기를 소원합니다. 목사님께 성령님의 충만하심으로 말씀을 대언하게 하시옵소서. 설교자는 전하시는 말씀에서 은혜가 되고, 회중은 받는 말씀에서 은혜를 경험하게 하시옵소서. 그 말씀에서 하나님을 섬기게 하시옵소서.

○○성가대원들을 하나님께 올려드립니다. 존귀한 지체들이 하나님을 찬양할 때, 이 예배당을 천상의 자리로 삼아 주시옵소서. 그 찬양으로 저희들에게는 예배하려는 마음이 더욱 간절해지게 하시옵소서.

예배위원들의 수고를 통해서, 교회의 곳곳에서 봉사하는 이들의 손길을 통해서 하나님의 자녀로서 사는 은혜에 도전이 되기를 빕니다. 영과 진리로 올려 드리는 예배가 되게 하시옵소서.

지체를 중보. 하나님은 곤고한 이들에게 긍휼이 많으신 아버지이시라고 믿습니다. ○○의 지체 중에서 생각하지도 못했던, 갑작스럽게 겪게 된 위기로 말미암아 쩔쩔매는 이들에게 구원을 베풀어 주시는 줄로 믿습니다. 이미, 불행처럼 닥쳐온 고통에 처한 이들에게 하나님께서 어려움을 이기게 하심을 믿고, 감사하게 하시옵소서.

주님의 보내심. 저희들은 지역에서 시민으로 참여해야 하는 일들에 솔선수범하게 하시옵소서. 주님께서 지역에 파송해 주셨다는 사명감으로 지역을 대하게 하시옵소서. 저희들이 개인적으로 섬길 일들에 자원하게 하시며, 혼자로서는 어려운 것은 교회공동체와 함께 하게 하시옵소서. 이로써 지역에서 하나님의 뜻이 이루어지게 하시옵소서.

예수님의 이름으로 기도드립니다. 아멘.

그 이름이 거룩하신 하나님,

찬양-감사. 찬송으로 오늘을 맞이합니다. 하나님께 드려야 될 영화롭게 해드림을 묵상합니다. 주 하나님의 사랑을 입고 지내던 지체들이 나왔습니다. 구원의 주님이신 하나님께 영광을 드릴 때, 받으시옵소서. 거룩하다고 명명하신 날에, 왕이신 여호와 앞에 즐겁게 소리치는 영광을 받으시옵소서. 영과 진리로 예배하기 위하여 나아갑니다.

회개-용서. 하나님 앞에서 존귀한 자녀들이 세상 사람들의 풍습에 빠져서 그들과 함께 잘 살아 보려고 했던 지난 주간이었습니다. 하나님께서 재물을 주신다면 부하게 살고자 했고, 때로는 살아남으려고 몸부림을 쳤지만 남은 건 죄뿐이었음을 회개합니다. 주님의 보혈로 죄를 씻어주시고, 세상에서 구하려 했던 죄를 용서해 주시옵소서.

성령님의 임재. 예배하러 나온 천국백성에게 성령님께 찬양을 드리게 하시옵소서. 자기 백성을 홀로 두지 않으신 하나님께서 저희들 성령님으로 충만하게 하신 줄로 믿습니다. 주악으로 시작된 예배, 성시의 교독과 찬송을 받으시옵소서. 지존하신 여호와의 이름을 찬양하도록 이끌어 주시옵소서. 성령님의 감화로 주님의 깊으신 은혜를 생각하게 하시옵소서. 감사하여 목소리를 높이게 하시옵소서.

오늘의 간구. 주님의 교회에 기도의 은혜를 내려 주시옵소서. 저희들이 기도하기를 즐거워하게 하시고, 오순절의 성령강림의 현장이 되게 하시옵소서. 성령님께서 저희들의 생각과 말과 행동을 지도하셔서 하나님의 이름을 더럽혀지지 않는 삶을 살게 하시옵소서. 성령님께서 교우들 각 사람에게 주신 은사가 있음에 감사드립니다. ○○의 지체들에게 교회에 봉사하도록 주신 은사를 사용하게 하시옵소서.

지교회 공동체. 언제라도 주님께서 다시 오심을 믿습니다. 주님께서 오시면 심판의 주로 오신다 하셨으니 신부단장에 부지런하기를 원합니다. 기다리는 신부에게 주어질 상급을 생각하면서 지내게 하시옵소서. 그러니, 자신의 부주의로 영생을 잃지 않도록 자신을 지키게 하시옵소서. 이 소중한 권세를 마귀의 유혹에 내어주지 않으며, 마귀에게 찬탈당하지 않도록 자기를 다스리게 하시옵소서.

예배위원. 하나님의 종으로 기름 부으심을 받은 목사님, 이 시간에 강단에 세우셔서 말씀을 받게 하시니 감사드립니다. 종의 입술을 통해서 전해지는 말씀을 사모하게 하시옵소서. 그 말씀이 저희들, 각 사람에게 심령을 쩡쩡하게 울리는 말씀이 되게 하시옵소서.

○○성가대의 찬송으로 하나님을 영화롭게 해드리는 영광이 예배당 안에 가득하게 하시옵소서. 저희들은 그 은혜로 하나님께 더욱 가까이 나아가도록 하시옵소서.

오늘도 하나님께서 받으실 만한 예배가 되기 위해서 예배위원들로 하여금 봉사하도록 하셨으니 감사드립니다. 하나님을 영화롭게 해드리는 순서로 예배가 진행되게 하시옵소서.

지체를 중보. 교우들 중에, 병든 이들에게 하나님을 기다리게 하시옵소서. 그들의 생명을 위험한 지경에서 건지시는 하나님의 은혜를 소망합니다. 사랑하는 환우들에게 찾아가셔서 그들이 은혜로 견디게 해주시옵소서. 나아가, 저희들과 한 자리에 앉아 주님의 이름을 찬송하게 하시옵소서. 여호와 라파의 하나님께 찬양을 드리게 하시옵소서.

주님의 보내심. 저희들의 지역에서 하나님의 뜻이 이루어지기를 기도합니다. 여기에서 지내는 이들이 복스럽게 살아가는 것을 하나님께서 원하시는 줄로 믿습니다. 지역이 건전하고, 밝은 사회가 되도록 우리 교회는 하나님의 자녀로서의 역할을 즐거워하게 하시옵소서. 나보다는 남들의 유익을 구하고, 남들이 불편하지 않도록 노력하게 하시옵소서.

예수님의 이름으로 기도드립니다. 아멘.

6월 1주, 1일, 목 - 망종, 금 - 현충일

자기 백성에게 산성이 되시는 주 하나님,

찬양-감사. 6월의 첫째 주일, 나라와 민족을 사랑하며 이 달을 시작합니다. "오직 너희의 하나님 여호와께 가까이 하기를 오늘까지 행한 것 같이 하라." 아멘(수 23:8) 복된 날 아침에, 자기의 처소에서 흩어져 지내던 지체들이 주님의 집, 성전으로 모였습니다. 오늘은 예배할 때, 여호와의 인자하심이 영원하심을 찬양하게 하시옵소서.

회개-용서. 저희들의 모습, 지난 이레 동안에 악한 행실에 몸을 내어주었던 것을 회개합니다. 언제나 생각은 거룩함이었지만 겉으로 드러나지는 않았을 뿐, 마음에 품은 죄악을 용서해 주시옵소서. 예배를 드릴 때 뿐, 언제나 순종에 부족한 저희들이었습니다. 주님의 피 묻으신 손으로 감싸주시고, 새롭게 하시는 은혜를 보게 하시옵소서.

성령님의 임재. 성령님의 기름 부으심이 가득한 은혜에서 예배로 나아가게 하시옵소서. 여호와의 이름을 높여 드립니다. 성령님께서는 일 년을 하루 같이 날마다 사랑하여 주시고, 하늘의 양식으로 살아오게 하셨으니, 감사로 예배하게 하시옵소서. 지극히 높으신 하나님을 찬송하는 ○○교회가 되기를 원합니다. 이 자리에 모여 온 이들, 한 사람도 빠짐이 없이 크게 기뻐하여 영광을 돌리게 하시옵소서.

오늘의 간구. 현충일을 맞이하면서 나라를 사랑하고 국민을 위하여 충성하겠다는 다짐을 하게 하시옵소서. 국민의 한 사람이 되어 나라를 사랑하고, 경우에 따라서는 희생을 지불해야 하는 것이 하나님의 뜻이라 여깁니다. 순국선열들과 전몰장병들의 나라를 사랑하는 실천을 배우게 하시옵소서. 그들이 나라를 위하여 애를 썼던 것처럼 여겼듯이 저희들도 나라를 사랑함에서 숭고함을 느끼게 하시옵소서.

지교회 공동체. 하나님 앞에서 ○○의 교우는 섬김의 공동체가 되기를 원합니다. 저희들 모두에게 하나님을 섬기듯이, 순국선열의 가족 섬김을 즐거워하게 하시옵소서. 섬김으로써 사랑하는 지체들이 되게 하시옵소서. 저희들의 주변에는 섬김을 받아야 할 이들이 많이 있습니다. 교회의 섬김을 통해서 지체를 사랑하고, 주님의 몸이 이루어지게 하시옵소서. 교회가 세상에 소망과 위로가 되게 하시옵소서.

예배위원. 나라와 민족을 생각하는 회중에게 말씀을 주시옵소서. 하나님의 종으로 구별되신 목사님을 저희들에게 주심에 감사드립니다. 목사님께서 말씀을 전해주실 때, 생수를 마심이 되게 하시옵소서.

○○성가대원들이 찬양을 드릴 때, 영광을 받아주시옵소서. 예배하는 자리에서 찬양을 위하여 부름을 받은 성가대원들에게는 하나님께서 받으실 목소리를 내게 하시옵소서. 복된 예배로 실망과 근심으로 좌절에 빠진 사람들은 용기를 갖게 하시옵소서.

이 예배에 봉사하는 지체들이 성실히 맡은 직분을 섬길 때, 몸을 드려 예배하는 은혜를 경험하게 하시옵소서. 저들의 헌신으로 더욱 영화롭게 예배하니 감사드립니다. 영광의 시간으로 삼아 주시옵소서.

지체를 중보. 사랑하는 직분자들, 구별을 받은 종들로 말미암아 교회가 든든히 세워져가게 하시는 줄로 믿습니다. 그들이 매일, 매일을 지내는 삶의 자리에서 하나님의 사랑을 이웃에게 전하게 하시옵소서. 구원을 받은 기쁨으로 복음을 말하게 하시고, 이웃에 대하여 주님의 손길이 되어서, 그 은혜를 나누고 베풀게 하시옵소서.

주님의 보내심. 온 성도가 현충일 예배의 시간에, 조국에 대한 사랑을 다짐하는 거룩함을 주시옵소서. 공산군들의 만행과 침략의 위협을 분쇄하고자 자신의 목숨을 내어놓은 거룩함을 배우기 원합니다. 조국의 내 형제들이 예수를 구주로 믿어 영생에 이르도록 전도에 힘쓰게 하시옵소서. 나라를 위해 빛과 소금이 되어 섬기게 하시옵소서.

예수님의 이름으로 기도드립니다. 아멘.

모든 피조물의 창조주이신 하나님,

찬양-감사. 주님의 이름을 높여드려야 하는 오늘, 성령강림절로 지키게 하시니 감사합니다. 저희들을 부르셔서 예배하게 하셨음에 주님의 이름을 송축합니다. 여호와께 존귀한 성도들이 머리를 숙였습니다. 이 전에, 생명의 진리가 충만하게 해 주시고, 저희들의 심령을 은혜로 충만하게 하시옵소서. 성령강림절의 영광을 받으시옵소서.

회개-용서. 하나님 앞에서 거룩하지 못하였던 죄를 고백합니다. 주님의 뜻대로 살지 못하고, 주님의 품을 떠나려고 애썼던 교만을 용서해 주시옵소서. 주님의 거룩하신 율법을 어겼고 마땅히 해야 할 일들을 하지 않아 영혼의 건강마저 잃은 것을 상한 심령으로 회개합니다. 주님의 피로 씻어, 눈보다 희어지며, 새 힘을 얻게 하시옵소서.

성령님의 임재. 성령강림절에 우리 교회는 성령님께 충만하기를 원합니다. 성령님의 기름 부으심에 감격하면서 소망이 되신 그 이름에 합당한 찬송으로 영광을 드리게 하시옵소서. 이 복된 자리에서, 저희들에게 새 생명을 주신 여호와를 예배할 때, 성령님께서 마음과 생각을 주관하셔서 영과 진리로 임하게 하시옵소서. 인도자의 이끌림에 따라서 구원의 하나님께 예배드림이 마음을 다하게 하시옵소서.

오늘의 간구. 성령님의 임재로 은혜의 바다로 나가게 하셨으니, 아버지의 사랑에 촉촉이 젖게 하시옵소서. 이미 오신 성령님께서 영원토록 저희와 함께 있으심을 믿을 때, 심령이 든든해짐을 고백합니다. 오늘, 예배하는 자리에서 심령이 새롭게 지어지기를 원합니다. 성령님께서 친히 뜨겁게 하시고 강권하여 주시옵소서. 이곳에 오셔서 약한 것을 강하게 하시고, 무너진 곳을 보수해 주시옵소서.

지교회 공동체. 오늘, 저희들에게 주님의 손이 되어 사람들에게로 보내어 주시옵소서. 가서 만날 때, 생명의 역사가 일어날 줄로 확신합니다. 말씀에의 지식은 신자의 삶을 살아가는 병기가 되어야 한다고 깨닫습니다. 전도를 하지 않는데, 전도에 대한 성경 지식은 무엇에 쓰겠습니까? 사람들에게로 가게 하시옵소서. 주님께서 세상에 오셨던 걸음으로 사람들에게로 가게 하시옵소서.

예배의 순서. 목사님을 위하여 간구합니다. 귀한 종에게 사자의 권위와 감화하는 말씀의 능력을 나타내 주시옵소서. 목사님의 입술을 통해 나오는 말씀이 뜨거운 은혜의 말씀이 되게 하시옵소서.

○○성가대원들이 성령님께 감동되어서 드리는 찬양으로 온 교회에 영광이 넘치기를 원합니다. 이 찬양이 실망과 근심으로 좌절에 빠진 사람들에게 용기를 갖게 하시고, 육신적으로 연약한 사람들에게 치유의 은혜를 입게 하시옵소서. 이 예배가 신령과 진정으로 드려지기 위해서 봉사하는 종들, 그들이 더욱 충성스럽게 감당하게 하시옵소서. 봉사하는 종들의 헌신을 받으시고, 사탄의 세력이 얼씬거리지 못하게 하시옵소서.

지체를 중보. ○○의 교우들에게 진심으로 하나님을 두려워하면서 지내게 하시옵소서. 두려워할 것은 재물의 궁핍이나 질병에 걸리는 것이 아니고 하나님께 거절되지 않는 것임을 잊지 말게 하시옵소서. 이로써 하나님께 영광을 드리기를 원합니다. 빛과 소금이 되는 모습으로 착한 저희들이 되게 하시고, 열매를 맺게 하시옵소서.

주님의 보내심. 오늘도 지역사회를 위하여 기도하고, 지역사회가 보다 건강하기를 원하게 하시옵소서. 하나님의 나라를 구하는데 익숙했지만 세상을 구하는데 부족했음을 회개합니다. 지역사회가 건강해지기를 기도하게 하시옵소서. 누구라도 지역사회에서 행복해지기를 기도하게 하시옵소서. 건강하고 밝은 사회를 바라게 하시옵소서.

예수님의 이름으로 기도드립니다. 아멘.

6월 3주, 15일, 삼위일체주일, 토 - 하지

온 천하 만물이 우러르게 하시는 하나님,

찬양-감사. 거룩한 날 아침에, 자기 백성이 모이도록 하신 여호와 앞에서, "오직 주는 여호와시라." 라고 고백합니다. 우리 하나님께서는 하늘과 땅 위의 만물과 바다와 그 가운데 모든 것을 지으셨음을 찬송으로 선포하게 하시옵소서. 그리고 오늘도 지으신 것들을 보존하시오니 피조물로서 마땅히 창조주께 영광을 드리게 하시옵소서.

회개-용서. 성령님께서 감동하실 때마다 오히려 귀찮게 여기고 자행했던 죄를 용서해 주시옵소서. 삼위 하나님께 드려야 될 영광에 주목하지 않고, 자신의 유익을 구하느라 분주했던 삶을 고백합니다. 삼위 하나님께서 죄인의 구원을 위해서 은혜를 베풀어 주셨음에도 합당한 영광을 드림에 게을렀습니다. 용서해 주시옵소서.

성령님의 임재. 새벽이슬보다 아름다운 하늘의 백성이 예배합니다. 이곳에 성령님의 충만하심이 있게 하시옵소서. 사랑하시는 자에게 신실하신 하나님은 찬양받으시기에 마땅하다고 여기니, 이 예배가 하나님께 영광이 되도록 예배의 순서도 다스려 주시옵소서. 삶의 주인이 되시는 하나님께 저희들의 모든 것을 드리게 하시옵소서. 하나님의 시간에 하나님을 찬양하는 삶의 예배가 되게 하시옵소서.

오늘의 간구. 남과 북의 대치로 말미암은 희생이 그쳐지게 하시옵소서. 헐벗고 굶주리며, 매를 맞고도 입을 열 수 없는 북한의 형제 동포들, 하나님의 형상을 잃어버린 채 어렵게 살아가는 그들을 해방시켜 주시옵소서. 그래서 하나님을 주인으로 모시며, 주님과 함께 밥상공동체를 이루며, 살게 되는 날을 앞당겨 주시옵소서. 이 나라와 저 나라가 다시는 전쟁을 연습하지 않는 날이 오게 하시옵소서.

지교회 공동체. "갈보리 산으로 끌려 가시사 십자가 위에서 죽으신 날 가시관 쓰시고 피 흘리시사 우리를 구하신 구주 예수." 아멘. 주님께서 자기를 부인하고 십자가를 지셨던 것처럼 저희들에게 자기를 부인하여 날마다 죽는 은혜를 경험하게 하시옵소서. 십자가의 예수님을 좇아가게 하시옵소서. 주님께서 십자가에서 죽으시고 그 은혜로 내가 영원한 생명을 얻게 되었다는 감격으로 지내게 하시옵소서.

예배위원. 하나님의 말씀을 대언하시는 목사님을 성령의 권능으로 붙들어 주시옵소서. 하늘의 역사가 펼쳐질 수 있는 강단이 되어 귀한 은혜의 시간으로 삼아 주시옵소서. 말씀을 받을 때, 우리의 의지를 꺾고 겸손히 주님의 뜻과 계획에 온전히 순종하기를 원합니다.
성가대의 귀한 직분을 감당하는 성가대원들 위에 함께 하사크신 은혜로 하나님의 성호를 찬양할 때, 더욱 공교히 찬양할 수 있게 하시옵소서. 저희의 찬양으로 하늘 문을 여시고 영광을 받아주시옵소서.
예배를 위해서 몸을 드리는 봉사자들을 귀하게 쓰임을 받는 종으로 삼아 주시옵소서. 부름을 받은 일꾼들에게 은혜를 더하여 주시옵소서. 그들의 수고를 받아주시고, 복을 내려 주시옵소서.

지체를 중보. 자신의 힘으로만 이겨낼 수 없는 위기에 처한 이들을 위하여 기도합니다. 지금, 예배할 때, 손을 내밀어 주시는 하나님을 경험하게 하시옵소서. 예배하는 시간이 절망의 나락에 있는 이들에게 희망이 되어 주신 줄로 확신합니다. 판단과 선택의 실수로 낙심되어 있다면 일으켜 주시는 성령님의 은총을 경험하게 하시옵소서.

주님의 보내심. 오늘, 모인 교회로 만족한 저희들을 예배 후에는 흩어진 교회가 되어 골목으로 보내주시옵소서. 집으로 돌아가는 골목에서 하나님의 영광이 충만하기를 기도하게 하시옵소서. 골목에서 살아가는 이들이 악한 생각을 버리고 하나님께로 돌아오도록 간구하게 하시옵소서. 창조주께로 돌아와 하나님을 섬기게 하시옵소서.

예수님의 이름으로 기도드립니다. 아멘.

큰 영광을 나타내시는 하나님,

찬양-감사. 오늘을 구별해 주신 날에, 한국전쟁일을 기억하며 지킵니다. 영광중에 계시는 하나님, 그 이름에 예배하게 하시옵소서. 한국전쟁 후에, 이 나라는 하나님께서 구원해 주셨으니 사람은 물론, 이 땅의 산하가 하나님께 영광입니다. 구원의 반석을 향하여 즐거이 찬양하는 저희들이 되게 하시옵소서. 영화롭게 해드리기를 원합니다.

회개-용서. 지금, 저희들이 죄를 고백할 때 용서해 주시옵소서. 돌이켜 보건대, 하나님의 말씀을 버리고, 더 채우려는 욕심으로 분주했던 저희들이 아니었습니까? 하늘의 아버지께서 주신 것들이 많았지만 이웃을 향해서 거저 주고, 베풀기에 힘쓰지 못했던 욕심을 회개합니다. 주님의 이름으로 살아드리지 못했던 추함을 용서해 주시옵소서.

성령님의 임재. 성령님의 기름 부으심으로 우리 교회가 향기롭기를 원합니다. 사랑하는 교우들, 각 사람에게서 성령님의 충만으로 하나님께 드리는 향취가 넘치게 하시옵소서. 날을 구별해서 주일을 지켜 예배를 드림은 저희들에게 복인 줄로 믿습니다. ○○교회의 권속들을 불러 주셨으니 마음과 뜻, 목숨을 다해 예배하게 하시옵소서. 성령님께서 감화하셔서 예배의 순서를 영화롭게 하시옵소서.

오늘의 간구. 이 민족과 함께 해주신 은혜에 감사드립니다. 나를 구원하시고, 우리 민족을 구원하시려고 자신을 내어주신 주님을 바라보며 머리를 숙인 교우들을 보시옵소서. 이 시간에, 우리 조국 대한민국에 은혜를 내려 주시옵소서. 그 은혜로 남과 북의 사람들이 서로 화해하고 하나가 되는 역사가 있도록 하시며, 주님의 가슴을 주셔서 서로가 화목하고, 민족이 하나 되게 하시옵소서.

지교회 공동체. ○○의 지체에게 거룩하게 하시며, 밤이나 어둠에 속하지 않도록 인도해 주시옵소서. 오직 깨어 근신하게 함으로써 천국백성의 삶에 부족함이 없게 하시옵소서. 진리를 믿고 불의를 싫어하며, 오직 천국에 소망을 두고 살아가도록 인도해 주시옵소서. 죽음을 두려워하지 않고, 하나님께서 저희들을 다시 살리실 것을 소망하면서 살게 하시옵소서. 부활의 영광을 사모하며 지내게 하시옵소서.

예배위원. 오늘의 말씀으로 심령을 새롭게 하여 주시옵소서. 담임 목사님께 성령님의 감화와 능력으로 붙드셔서 ○○교회의 권속들에게 하나님의 말씀을 전하시게 하시옵소서. 목사님께 영력을 더하셔서 말씀을 선포하실 때, 권능이 있는 강단이 되게 하시옵소서.

○○성가대원들이 예배하는 회중을 대표해서 하나님의 영광을 찬양하게 하시옵소서. 귀한 지체들이 몸을 드려 준비한 찬양이 이 자리를 하나님의 영광으로 가득하게 하시옵소서.

예배의 진행을 돕고, 성도들의 편의를 위해 봉사하는 종들의 헌신을 받으시옵소서. 지금, 이곳에 사탄의 세력이 얼씬거리지 못하게 하시옵소서. 맡은 자리에서 예배의 진행을 돕는 손길들에게 은혜를 더하여 주시옵소서.

지체를 중보. 저희들은 여기에 모여 공예배로 영광을 드리지만 지금 환자들을 위해서 간구합니다. 몸이 늙어서 병들어 집이나 병원에서 홀로 있는 이들이 있으니 도와주실 줄로 믿습니다. 회복하게 하시는 여호와의 만져주심으로 구원해 주시옵소서. 병든 이들에게는 싸매어주시는 은혜로 병상에서 일어나게 해주시옵소서.

주님의 보내심. 사랑하는 교우들, 지역사회에서 거룩함의 의무로 지내게 하시옵소서. 저희들의 삶이 지역의 주민들에게 천국에 이르는 길을 가로 막고 있는지는 않는지요? 성도로서 행함과 진실함으로 지내게 하시옵소서. 보여주고자 하는 것이 아니라 저희들이 하나님의 자녀로서 우리 지역과 지역의 사람들에게 덕을 끼치기를 원합니다.

예수님의 이름으로 기도드립니다. 아멘.

6월 5주, 29일

영광과 권능의 성부이신 하나님,

찬양-감사. 하나님께서 거룩하다고 선포하신 날의 아침에 모였습니다. "우리 주 예수 그리스도의 아버지께서 그리스도 안에서 하늘에 속한 모든 신령한 복을 누리게 하셨음에"(엡 1:3) 감사드립니다. 그 크신 손 안에 있는 온 땅이 주님의 이름을 드러내게 하시옵소서. 땅에 있는 모든 것들이 주님의 아름다우심을 찬양하기를 원합니다.

회개-용서. 하나님께서 맡겨주신 땅에서, 청지기적인 사명을 잃고 지낸 삶을 고백합니다. 우리의 욕심으로 말미암아 생태계가 파괴되고, 오염되었음을 용서해 주시옵소서. 자연 환경을 보존하고, 가꾸는 일에 관심이 부족했습니다. 이제, 자연을 소중히 생각하며 지내도록 하시옵소서. 하나님의 것을 하나님께로 드리게 하시옵소서.

성령님의 임재. 이 시간에, ○○교회에 성령님의 충만하심을 간구합니다. 사람의 생각이나 의지보다도 성령님께서 감화하심에 따라 예배하는 공동체로 세워주시옵소서. "하나님도 한 분이시니 곧 만유의 아버지시라 만유 위에 계시고 만유를 통일하시고 만유 가운데 계시도다."라는 고백으로 나아옵니다. 함께 모였으니, 성령님을 좋아하는 마음을 누리며, 주님의 자녀 된 신앙 공동체를 체험하게 하시옵소서.

오늘의 간구. 하나님의 은혜로 일 년의 반 가까이를 지내왔음에 감사드립니다. 하나님께서 우리 교회와 함께 하셨고, 교우들에게 교회를 중심으로 지내도록 하셨습니다. 지나온 시간의 날들을 돌아볼 때, 감사와 감격일 뿐입니다. 저희들이 주 안에서 승리를 경험하게 하셨으니, 앞으로 더욱 하나님을 사랑하며 살게 하시옵소서. 만왕의 왕이시며 만주의 주이신 하나님께 영광을 드리게 하시옵소서.

지교회 공동체. 하나님 앞에서 존귀한 저희들 무리에게 은혜가 있는 교회가 되게 하시옵소서. 주님의 피 흘리심으로 인한 용서가 있는 공동체, 그 누구도 용납하여 위로가 있는 교회가 되게 하시옵소서. 누구라도 교회 안으로 들어오기만 하면 쉼을 얻고, 회복을 경험하게 하시옵소서. 아울러 저희들은 주님의 삶을 본받고 따라서 하나님을 경외하고 이웃을 사랑하게 하여 주시옵소서.

예배위원. 하나님의 종으로 구별되신 목사님을 세워주심에 감사드립니다. 말씀을 대언하실 목사님께 성령님의 갑절의 영감으로 강하게 역사하여 주시옵소서. 말씀의 검에 날이 서서 새롭게 되기를 원하는 저희들의 심령이 쪼개어질 수 있도록 축복해 주시옵소서.

○○성가대원들이 드리는 찬양으로 온 교회에 하나님께 드리는 영광이 넘치기를 원합니다. 이 찬양이 실망과 근심으로 좌절에 빠진 사람들에게 용기를 갖게 하시고, 연약한 이들에게 치유의 은혜를 입게 하시옵소서.

이른 시간부터 예배를 돕는 지체들이 있습니다. 그들의 봉사를 하나님은 받으시고 복을 내려 주시옵소서. 눈에 뜨이지 않는 곳에서 봉사하는 지체들을 축복합니다. 숨은 봉사에 은혜를 더해 주시옵소서.

지체를 중보. 지극히 높은 하늘보다 더 높은 사랑으로 보호해 주셨고, 지극히 깊은 바다보다도 더 깊은 은혜가 오늘의 즐거움을 주셨으니, 감사의 한 시간이기를 소망합니다. 살아가는 동안에 승리의 삶을 살도록 주신 병기가 있다면 믿음과 소망, 사랑임을 믿습니다. 우리를 이기게 하시며 만족하게 하심에 감사하게 하시옵소서.

주님의 보내심. 하나님께서 우리 지역을 행복한 도시로 만들어 주실 줄로 믿습니다. 저희들에게 동네를 자주 돌아보게 하시옵소서. 축복의 사람으로서 골목길을 걷게 하시옵소서. 주택이나 상점 앞에서는 잠시 축복의 간구를 하게 하시옵소서. 상점이 번영하기를 축복하게 하시옵소서. 집 앞에서는 그 집에 보호하심을 축복하게 하시옵소서.

예수님의 이름으로 기도드립니다. 아멘.

자비하시고 또 자비하신 하나님,

찬양-감사. 여름의 무더위에서 신앙의 푸름이 더해가는 7월, 첫째 주일입니다. "주의 이름이 온 땅에 어찌 그리 아름다운지요." 하늘의 백성이 다시 주님의 전에 모였습니다. 주일을 맥추감사절로 지키도록 하셨으니 여호와 하나님께 노래를 불러드리게 하시옵소서. 왕의 자녀들로서 영광스러운 모습으로 우렁차게 찬송하도록 하시옵소서.

회개-용서. 하나님께 감사의 제단을 마련하고, 정성과 뜻을 모으려 하는데, 저희들의 마음이 지금, 어디에 있는지 알 수 없습니다. 용서해 주시옵소서. 범사에 감사하라 하셨지만 감사함에 주목하지 못하고 있음을 고백합니다. 이미, 종교적인 습관이 되어, 하나님을 사랑하고 감사하는 마음을 생각하지만 그러하지 못함을 회개합니다.

성령님의 임재. 여러 모양으로 흩어져 있던 ○○의 성도들, 성령님의 기름 부으심에 감격하며 모였습니다. 성령님의 감화에 순종하여 구별된 한 가족으로 모였습니다. 세상 속에서 거룩한 지체, 진심으로 그리고 마음을 바쳐 예배하게 하시옵소서.

여기에 모인 자들로 "주는 심히 위대하시며, 존귀와 권위로 옷 입으셨음을" 선포하게 하시옵소서. 성령님의 강권하심에, 하나님께만 드림이 되게 하시옵소서.

오늘의 간구. 맥추감사절의 하나님께 찬양과 경배를 드립니다. 자기 백성을 돌아보시는 자비로우심이 크셨음에 영광을 드리고 저희들은 무한 감사로 즐거워하게 하시옵소서. 올해, 첫 수확의 감격으로 예배를 드리게 하시옵소서. 하나님 앞에서 복된 지체들이 풍성한 감사를 드리고 즐거워하게 하시옵소서. 저희들이 억지로나 인색함으로 드리지 않음에서 감사드립니다. 서로가 즐거움으로 기쁘게 하시옵소서.

지교회 공동체. ○○의 지체에게 주 안에서 감사하는 신앙에 이르기를 바라게 하시옵소서. 하나님의 온전하심을 저희들의 것으로 삼으려는 비전을 주시옵소서. 거룩함을 추구하며, 성장하게 하시옵소서. 저희들에게 감사 신앙의 소망이 무엇인지를 알게 하시고, 하나님 나라의 영광의 풍성이 무엇인지를 깨닫게 해 주시옵소서. 하나님의 성품을 본받아 하나님의 자녀다운 인격으로 변화되도록 인도해 주시옵소서.

예배위원. 맥추감사절의 메시지가 이 교회에 쩡쩡 울리기를 소원합니다. 말씀을 준비하신 목사님께 성령으로 감동해주시고, 하나님의 뜻이 선포되기 원합니다. 주님의 말씀을 듣는 저희 모두가 하나님의 은혜를 체험하는 귀한 시간이 되게 하여 주시옵소서.
주님의 성호를 찬양하는 성가대 위에 은총을 더하셔서 더욱 공교히 주님을 찬양하도록 축복하여 주시옵소서. 열심히 준비한 성가대원의 찬양에 하늘의 천군과 천사가 화답하게 하시옵소서.
이 예배를 위하여 돕는 손길들 위에 복을 주시옵소서. 그들의 헌신이 하나님 보시기에 미쁘다 칭찬 받기 원합니다. 여호와의 은혜와 자비로 예배를 위한 사역자들을 세워 주시옵소서.

지체를 중보. 저희 교회에서 일을 맡은 종들의 섬김으로 말미암아 주님께 영광이 되기를 원합니다. 그들이 예수 부활의 신앙으로 종의 사명을 감당하게 하시옵소서. 성령님께 충만하게 하셔서, 열매를 맺으며 하나님의 영광을 드러내게 하시옵소서. 생명에 이르는 진리 안에서 세상을 향해 하나님 아버지의 주권을 선포하게 하시옵소서.

주님의 보내심. 오늘, 저희들에게 지역사회를 단순히 전도의 대상으로 여기지 않고, 섬김으로 다가가게 하시옵소서. 이 지역의 사람들은 교회를 통해서 섬김을 받아야 될 줄로 깨닫습니다. 주님께서 세상에 오셔서 인생을 섬겨주셨던 것처럼 이 지역을 섬기게 하시옵소서. 주님의 교회가 하나님의 명령 앞에서 착한 일에 힘쓰도록 하시옵소서.

예수님의 이름으로 기도드립니다. 아멘.

7월 2주, 13일, 목 - 제헌절

만물에게 찬양을 받으시는 하나님,

찬양-감사. 주일을 지키도록 하시고, 하나님의 자녀들은 이곳에 모였습니다. 여기에 모인 이들, 받은 은혜로 입술을 열어 하늘에 계신 하나님의 높으심을 찬양하게 하시옵소서. 오직, 은혜로만 하나님께 영광을 드리고 예배할 수 있음을 고백합니다. 저희들에게 예배자의 복을 내려주시옵소서. 왕이신 나의 하나님을 높이게 하시옵소서.

회개-용서. 하나님보다는 사람에게 보이는 삶을 살았던 날들을 고백합니다. 땀 흘린 수고로 얻은 소득에 감사하지 못했던 삶을 고백합니다. 도리어 나보다 재물을 더 많이 소유한 이들을 부러워하고, 때로는 일확천금을 기대했던 죄를 용서해 주시옵소서. 땀을 흘리지 않은 소득을 부끄럽게 여기겠습니다. 일하기를 즐거워하게 하시옵소서.

성령님의 임재. 예배가 시작된 지금, 성령님의 충만하심이 이 자리에 가득차기를 원합니다. 성령님의 기름 부으심에 충만하여 예배가 진행되게 하시옵소서. 사람의 생각이나 간섭이 배제된 오직 성령님의 운행이 이 시간에 경험되게 하시옵소서.

예배가 진행되는 순서를 성령님께서 주장하시며, 하늘에 영광을 바치게 하시옵소서. 온 교회의 모든 지체는 성령님의 감화에 단비를 맞은 대지 같게 하시옵소서.

오늘의 간구. 주님께서는 하나님과 하나 되셨는데 저희들은 그러하지 못하고 있습니다. 오늘은 우리나라에서 일어나는 갈등의 치유를 위하여 간구합니다. 오랜 시간에 지역 간의 갈등, 학연 간의 갈등이 있습니다. 세대 간의 갈등도 있습니다. 이념적으로 진보와 보수의 갈등도 심각합니다. 노사 간의 갈등과 빈부의 갈등도 심합니다. 이런 갈등이 사회를 위태롭게 하니, 성령님께서 하나 되게 하시옵소서.

지교회 공동체. 사람은 하나님께 사용되어져서 하나님의 영광을 나타내는 존재라고 여깁니다. 하나님께서는 일을 하시려고 사람을 지으셨고, 일을 시작하실 때마다 사람을 불러 선택하셨음을 생각합니다. 저희들은 일꾼으로 선택되어 하나님께 쓰여 지기를 원합니다. 교회가 사용되어서 하나님의 일을 돕게 하시며, 하나님께 영광이 되게 하시옵소서. 아버지를 영화롭게 해드림에 사용되게 하시옵소서.

예배위원. 저희들에게 은혜를 주시려고 목사님을 단에 세우셨음에 감사드립니다. 그의 입술을 성령님께서 주관하셔서 말씀을 듣게 하시옵소서. 그 말씀이 큰 소리로 들려 아멘으로 받기를 원합니다.

하나님의 위대하심을 선포하는 ○○성가대원들을 보아주시옵소서. 그들이 신령과 진정의 예배와 하나님을 영화롭게 해드리는 음악으로 어우러진 최상의 찬양을 드리기를 소망합니다.
오늘도 예배를 돕기 위해서 일꾼들을 선택해 주셨습니다. 자원하는 심정을 가지고, 맡은 자리에서 예배의 진행을 돕는 손길들에게 은혜를 더하여 주시옵소서. 부름을 받아 선택된 종들이 충성스럽게 섬김으로써 오늘의 예배가 하나님께 영광이 되기를 원합니다.

지체를 중보. 뜨거웠던 가슴이 어느새 식어지고, 담대했던 결단이 흐지부지해지는 저희들을 일으켜 주실 줄로 믿습니다. 성령님의 충만하심으로 영안이 열려져 저희들이 참 모습이 발견되기를 원합니다. 형식적으로 흐르는 신앙생활에 활력을 주심을 확신합니다. 미지근해지는 삶의 자세에 새로움을 주시옵소서.

주님의 보내심. 우리 교회가 이 지역에 있는 동안에, 지역사회의 한 단체로 지역을 섬기기를 원합니다. 지역을 위해서 머리를 맞댈 때, 교회도 그들과 함께 하게 하시옵소서. 교우들은 자신이 살고 있는 곳에서 지역의 활동에 참여하게 하시옵소서. 저희들 각 사람이 교회의 모습으로 지역에 동참하고, 겸손하게 섬기게 하시옵소서.

예수님의 이름으로 기도드립니다. 아멘.

그 이름을 높여 경배드릴 하나님,

찬양-감사. 인생의 소망이시며, 늘 방패가 되어 주심에 찬송을 드립니다. ○○의 지체는 하나님을 영화롭게 해드리게 하시옵소서. 주일을 기다리면서 지내온 저희들입니다. 오늘, 마음껏 목소리를 높여 여호와, 그 이름에 찬양을 드리게 하시옵소서. 지난 이레 동안에 지켜주신 하나님은 예배를 받으셔야 된다고 믿습니다. 경배를 받으시옵소서.

회개-용서. 하나님을 하나님으로 인정하지 못한 죄를 고백합니다. 모든 것이 주께로부터 왔음에도 하나님을 인정함에 부족하였습니다. 하나님께 드리는데 인색하지 말았어야 하는데 그렇게 하지도 못했음을 용서해 주시옵소서. 자신의 욕심을 채우려는 습관에서 벗어나지 못하여 땅의 것들을 더 가지려고 애쓰는 삶이었습니다. 회개합니다.

성령님의 임재. 예배를 시작하는 저희들의 심령에 성령님의 임재가 강하게 느껴지기를 원합니다. 예배의 한 시간이 하나님께 드려짐이 되도록 성령님의 기름 부으심이 여기에 넘치게 하시옵소서. 하나님을 영화롭게 해드리도록 성령님께서 회중을 감화시켜 주시옵소서. 물 같든지, 불같든지 성령님께서 충만하게 임재하심 누리게 하시옵소서. 성령님께서 저희를 감동하사 예배하기를 원합니다.

오늘의 간구. 죄와 멸망으로부터 구원해 주시려고 친히 십자가에 달리신 주님께 찬양을 드리게 하시옵소서. 주님의 고난으로 베풀어지는 속죄와 구원의 은총을 감사로 받게 하시옵소서. 이 시간에, 영으로 구속의 십자가를 매만지는 은혜를 경험하게 하시옵소서. 저희들을 위하시는 신실하심에 찬송을 드립니다. 구원의 은혜와 평강의 복이 넘치게 하신 하나님의 이름에 합당한 영광을 드리게 하시옵소서.

지교회 공동체. "주 예수 날 사랑하시오니 나 또한 예수를 사랑하네 날 구원하시려 내려 오사 십자가 위에서 죽으셨네." 아멘. 그 십자가의 생명으로 소망 없이 죽는 이들처럼 두려워하거나 슬퍼하지 않게 하셨음을 기억하게 하시옵소서. 비록, 우리의 몸이 병들더라도, 죽음의 그림자가 다가오더라도 소망 없는 자들처럼 두려워하지 않게 하시옵소서. 십자가는 신앙이라는 것을 기억하게 하시옵소서.

예배위원. 하늘의 백성에게 은혜를 주시려고 목사님을 단에 세우셨음에 감사드립니다. 하나님의 말씀이 선포될 때, 성령님의 기름 부으심이 충만하게 하시옵소서. 하나님의 말씀을 듣게 하시옵소서.

○○성가대원들을 준비시키셨음에 감사드립니다. ○○성가대원들이 찬양하는 역할을 귀하게 감당하게 하시옵소서. 하나님 앞에서 찬송을 맡은 이들이 벅찬 감격으로 찬양을 부르게 하시고, 저희들은 예배하려는 마음이 더욱 간절해지게 하시옵소서.
예배를 위해서 강단의 꽃꽂이, 안내 봉사위원, 주방에서의 봉사 등으로 수고하는 지체들을 기억해 주시옵소서. 저들의 수고를 통해서 더욱 영화롭게 예배를 드리게 하셨음에 감사드립니다.

지체를 중보. 주일의 은총이 어려운 중에 있는 이들에게 위로와 소망이 되게 하시옵소서. 졸지에 당한 어려움으로 눈물을 흘릴 뿐인 지체에게 긍휼을 베풀어 주시옵소서. 이 상황이 그에게 환난으로 그치지 않고, 선민으로 세워져 가는 연단이 되게 하신 줄로 믿고 감사합니다. 단련하는 은총으로 인하여 믿음에 굳게 서게 하시옵소서.

주님의 보내심. 아담에게 땅을 정복하라고 하셨다면 우리 교회는 복음과 사랑을 갖고 지역을 정복하게 하시옵소서. 교우들 각 사람이 지역의 행사나 또는 지역의 커뮤니티에 참여해서 섬기게 하시옵소서. 교회가 지역에 도움이 되고, 지역을 위해서 선순환의 자원이 되기를 원합니다. 지역에서 하나님을 영화롭게 해드리게 하시옵소서.

예수님의 이름으로 기도드립니다. 아멘.

7월 4주, 27일, 수 - 중복

피조물이 엎드리게 하시는 하나님,

찬양-감사. "내 영혼이 하나님 곧 살아 계시는 하나님을 갈망하나니 내가 어느 때에 나아가서 하나님의 얼굴을 뵈올까" 하는 마음으로 지내오도록 하셨습니다. 예배하는 날로 구별해 주신 시간에, 여호와의 전을 찾았습니다. 우리 하나님의 집으로 올라온 저희들에게 찬양과 영광을 드리게 하시옵소서. 영과 진리로 나아가도록 하시옵소서.

회개-용서. 하나님의 나라를 구해야 하였음에도 그 나라가 이 땅에서 이루어지기 위한 삶을 사는데 부족하였음을 고백합니다. 하늘 아버지의 자녀로서 이 땅에서 하나님의 공의를 이루는 사명에 소홀했음을 용서해 주시옵소서. 현실에 안주하지 않겠습니다. 오직 공법을 물같이 정의를 하수같이 흘리는 삶을 실천하게 하시옵소서.

성령님의 임재. 지금은 성령님의 시간인 줄로 믿습니다. 예배하는 저희들, 장마의 비처럼 내리시는 성령님을 확인하게 하시옵소서. 오늘의 예배가 평생에 한 번 경험하는 성령님의 축제이기를 원합니다. 사람이 모여서 종교적인 의식으로 치러지는 예배가 아니기를 원합니다. 저희들이 모인 자리에 성령님께서 운행해 주시옵소서. 성령님의 강권하심에서 오직 영화로움을 하나님께 드리게 하시옵소서.

오늘의 간구. 여호와의 이름을 높여드립니다. 저희 교회에서 자라는 다음세대를 대상으로 여름철 신앙수련을 실시하게 하셨습니다. 아동들에게는 성경학교, 청소년들에게는 수련회, 대학생과 청년들에게는 단기선교와 해외봉사활동을 준비하게 하시니 감사합니다. 우리 교회에서 자라는 세대들이 여름철 신앙수련으로 그들의 인격을 키워나가게 하시옵소서. 이 귀한 사역으로 복된 기간이 되기를 원합니다.

지교회 공동체. 주님의 이름을 부르는 지체가 한 자리에 모여 예배할 때, 성령님의 감동하심을 보게 하시옵소서. 주님의 이름과 하나님의 성령 안에서 씻음과 거룩함 그리고 의롭다 하심을 얻게 하셨음에 찬송을 드립니다. 죄에서 떠나게 하시며 은혜로 충만하게 하시옵소서. 그 은총으로 말미암아 낮아지신 주님을 따라, 오직 겸손한 마음으로 각각 자기보다 남을 낫게 여기는 교회를 만들게 하시옵소서.

예배위원. 강단을 바라보고 있으니, 생명의 꼴을 먹여주시옵소서. 말씀을 대언하실 목사님께서 생명의 말씀을 선포하게 하시옵소서. 강단에서부터 흘러나온 생명의 말씀이 저희들에게 복이 되게 하시옵소서.

오늘, 하나님을 영화롭게 해드리려는 이 예배를 아름답게 하는 ○○성가대의 귀한 지체들의 찬양을 받아주시옵소서. 성가대원들의 찬양으로 말미암은 영광이 하늘에 상달되기를 빕니다. 성가대원들과 회중이 전심으로 여호와께 영광을 드리게 하시옵소서.
지금, 예배하는 동안에 예배당의 안팎에서 봉사하는 종들이 있음에 감사드립니다. 귀한 지체들이 예배사역자로 선택되어 이른 아침부터 봉사합니다. 그들이 먼저 제물이 되어, 은혜로 섬기게 하시옵소서.

지체를 중보. 늙어서 연약해지거나 병들어 집이나 병원에서 홀로 있는 이들이 있습니다. 회복하게 하시는 여호와의 만져주심으로 구원해 주시옵소서. 병든 이들에게는 싸매어주시는 은혜로 아픈 부위를 낫게 하시고, 노년의 아름다움을 신앙생활로 지내도록 일으켜 주시옵소서. 치료자이신 나의 하나님께 찬양을 드리게 하시옵소서.

주님의 보내심. 저희들을 지역으로 보내 주시옵소서. 갈릴리의 어부들에게 깊은 데로 그물을 내리라고 하셨던 주님의 말씀을 기억하면서 이 지역에 그물을 내리는 저희들이 되게 하시옵소서. 성도들은 지역으로 파송되었다는 심정을 갖고 지역민들을 대하게 하시옵소서. 그들에게 친절하며, 그들을 섬겨 축복하게 하시옵소서.

예수님의 이름으로 기도드립니다. 아멘.

찬양을 드리게 하시는 하나님,

찬양-감사. 뜨거운 햇볕 아래에서 신앙도 그렇게 뜨거워지기를 바라는 8월입니다. "땅의 모든 끝이 여호와를 기억하고 돌아오며 모든 나라의 모든 족속이 주의 앞에 예배하게" 하시옵소서. 이스라엘의 흩어진 자들을 모으시는 여호와께서 이 땅에서는 저희들을 모아주셨음에 감사드립니다. 영과 진리로 하나님을 예배하게 하시옵소서.

회개-용서. 저희들에게 회개의 은혜를 내려 주시옵소서. 사유하시기를 원하시는 하나님께 죄악을 찾아내어 낱낱이 자복하게 하시옵소서. 저희들이 죄를 자복할 때, 아무도 멸망치 않고 다 회개하기에 이르기를 원하심을 믿습니다. 오직 저희를 대하여 오래 참으시는 하나님의 사랑에 감사합니다. 사유하시는 은혜로 깨끗케 하시옵소서.

성령님의 임재. 주일을 영화롭게 해드리기를 원하는 지금, 성령님께서 하늘의 권세와 능력으로 이 시간을 주관해 주시옵소서. 성령님의 불이 내려서 죄악 된 심령들마다 태워지고, 성령님의 바람이 불어와 영혼이 새로워지게 하시옵소서. 오늘의 예배를 사람만 모였다가 흩어짐이 아닌, 성령님의 시간으로 드리게 하시옵소서. 성령님의 감화로 예배하는 저희들이 되어 여호와의 영광을 인정하게 하시옵소서.

오늘의 간구. 여름, 불볕의 더위에서도 여호와의 돌보심으로 건강하게 지내고 있음을 감사하면서, 이 여름에 대지가 뜨거운 것처럼, 저희들의 신앙에 대한 열심 역시 뜨겁게 하시옵소서. 하나님을 가까이 함이 뜨겁게 하시고, 뜨거운 기도와 찬송의 시간을 보내게 하시옵소서. 여름의 시간에 우리 교회의 체질을 강하고 단단하게 만들게 하시옵소서. 여름철의 무더위에서 신앙체질을 강화되게 하시옵소서.

지교회 공동체. 저희들의 심령에 거룩함의 영이 충만한 은혜를 주시옵소서. 여호와의 친 백성으로서 흠이 없게 하시옵소서. 성결케 하는 성령님으로 말미암아 하나님께 드려지게 하시옵소서. 그리스도 안에서 은혜의 풍성함을 베풀어주신 하나님께 영광을 드리게 하시옵소서. 독생자의 피를 통해서 구속함을 받게 하신 은혜에 영광을 드립니다. 말씀과 기도를 가까이 하여 성숙함에 이르게 하시옵소서.

예배위원. 목사님을 단에 세우셨음에 감사드립니다. 말씀을 전해주실 목사님께 영권을 주시고 권능과 지혜로 함께 하셔서, 전하시는 말씀으로 기쁨과 은혜와 소망을 갖게 하시옵소서. ○○성가대원들이 신령함과 진정의 기도가 표현된 찬양으로 최상의 영광을 드리기를 소망합니다. 함께 한 저희들도 화답하는 심정으로 여호와의 임재를 바라보게 하시옵소서. 저희들이 경건을 다해 예배하는 동안에 몸을 다 드려서 섬기는 이들이 있음에 즐거워하며 그들을 축복합니다. 맡겨진 자리에서 예배의 진행을 돕는 손길들에게 은혜를 더하여 주시옵소서. 그들의 드러나지 않는 봉사로 오직 성삼위 하나님만이 영광을 받으옵소서.

지체를 중보. 직분자들에게 기도하게 하시고, 그 간구로 인해서 일하시는 하나님을 찬양합니다. 그들의 충성과 기도를 사용하셔서 하나님의 살아계심이 세상에 드러나도록 하심을 즐거워합니다. 이제까지처럼 앞으로도 그들의 부르짖음이 하나님의 뜻에 일치되게 하실 줄로 믿습니다. 하나님의 영광을 위하는 간구가 되게 하시옵소서.

주님의 보내심. 교회는 거룩하고, 세상은 속하다고 생각해온 것을 바꾸어 주시옵소서. 세상도 거룩하다고 여기게 하시옵소서. 하나님께서 다스리시는 세상, 하나님을 인정해드리는 세상은 거룩하다고 깨닫습니다. 저희들이 살아가고 있는 지역에서 하나님의 거룩하심을 보게 하시옵소서. 그리고 세상이 거룩하도록 저희들이 섬기게 하시옵소서.

예수님의 이름으로 기도드립니다. 아멘.

자비하신 손길로 안아주시는 하나님,

찬양-감사. 주일을 광복절 예배로 나왔습니다. 우리나라가 일제의 식민지로부터 해방된 것을 기념하는 날로 지키려 합니다. 우리 민족을 사랑하셔서 잃었던 주권을 찾게 하시고, 자유를 누리게 하셨으니 그 은혜를 새롭게 하시옵소서. 우리 민족의 하나님, 여호와의 그 영화로운 이름을 영원히 찬송하는 시간으로 인도해 주시옵소서.

회개-용서. 예수님을 잊고, 자신의 생각에 매달려 지내온 죄를 고백합니다. 십자가에서 흘려주신 보혈로 값없이 받은 구원의 감격을 잃어버렸음을 회개하니, 용서해 주시옵소서. 하나님의 은혜를 늘 기억하겠습니다. 천국백성 된 저희들, 주의 구원의 즐거움을 회복시켜 주시옵소서. 각 사람에게 자원하는 심령을 주사 붙들어 주시옵소서.

성령님의 임재. 하나님은 하늘에서 저희를 보아주시옵소서. 성령님의 기름 부으심이 우리 교회에 가득차기를 원합니다. 갈보리에서 흘려주신 주님의 피로 나온 ○○의 지체, 우리를 구원해주신 하나님께 성령님의 임재 안에서 예배하게 하시옵소서. 광복절 예배로 모인 저희들에게 은총을 내려 주시옵소서. 예배할 때, 여호와의 행사가 크게 보이고, 두려워하는 마음을 드리게 하시옵소서.

오늘의 간구. 일본의 압제에서 고난당하던 이 민족을 구해주신 하나님의 은혜를 기억합니다. 이 나라에 대한 하나님의 사랑을 나타내셨음에 경배하게 하시옵소서. 우리에게 나라를 찾게 하신 하나님을 찬양합니다. 민족이 수난을 당하는 모진 역경 속에서도 선조들은 기도하였는데, 저희들은 안일하게 지냈습니다. 저희들은 광복절에 한 마음으로 머리를 숙였으니 하나님께 영광이 되기를 소망합니다.

지교회 공동체. 저희들에게 거룩함에의 도전을 주셨습니다. 이 땅에서 하나님의 나라는 저희들로부터 시작이 되고, 하나님의 뜻은 교회에서 이루어지는 것임을 깨닫습니다. 저희들을 하나님께 친 백성이 되도록 이끌어 주시고, ○○교회는 하나님께 드려지게 하시옵소서. 지금 이후로 하나님께, 저희들의 모습을 그대로 드리게 하시옵소서. 우리 교회가 성령님께 감동이 된 부르짖음이 되게 하시옵소서.

예배위원. 생명의 말씀을 주실 것을 기대합니다. 목사님께 하늘의 능력과 권세를 더하셔서 ○○교회의 권속에게 말씀을 전하시도록 하시옵소서. 말씀을 들고 서셨으니, 강건케 하시옵소서.

성가대원들이 주님의 피로 죄를 씻음을 받아, 거룩한 모습으로 찬양을 드리기 원합니다. 찬양을 위해 선택되어진 이들, 그들의 찬양으로 이 자리에 임하는 성령님의 충만하심을 기다리게 하시옵소서.
예배사역자들의 헌신을 통해서 더욱 영화롭고, 은혜가 충만한 경배를 바치게 하시옵소서. 그들의 거룩함과 성도들의 전심으로 드리는 예배로 말미암아 하나님의 영광이 드러나기 원합니다. 부름을 받았으니, 그들이 더욱 충성스럽게 감당하게 하시옵소서.

지체를 중보. 주님의 교회, ○○교회를 기억하시고, 민족과 세계를 품고 기도할 때 다시금 이 나라에 복음의 불길이 타오르게 하시옵소서. 저희 교회가 살아남으로 이웃이 살게 하시고, 죽어가는 수많은 영혼들을 주 앞으로 인도하는 구원의 방주가 되게 하시옵소서. 지역에서와 나라를 위하여 복음적인 사명을 감당하게 하시옵소서.

주님의 보내심. 세상을 사랑하시는 하나님 앞에서 저희들도 사랑으로 지역을 섬기게 하시옵소서. 교회가 지역을 사랑하고, 지역에 봉사하기 위해서 저희들이 수고하기를 기뻐하게 하시옵소서. 한 사람 개인으로는 어려울 것을 교회가 섬긴다면 능히 성취되리라 믿습니다. 지역의 어려운 일들을 교회가 나서서 부담하게 하시옵소서.

예수님의 이름으로 기도드립니다. 아멘.

8월 3주, 17일, 토 - 처서

주권적인 섭리로 이끄시는 하나님,

찬양-감사. "백성이 여호수아에게 말하되 우리 하나님 여호와를 우리가 섬기고 그의 목소리를 우리가 청종하리이다 하는지라."(수 24:24)는 말씀을 고백으로 삼게 하셨습니다. 사랑을 입은 주님의 백성, 한 자리에 모여서 기뻐하고 즐거워합니다. 하나님께서 인생을 위하여 큰일을 하셨으니, 여호와를 찬양하며 즐거워하게 하시옵소서.

회개-용서. 자기 백성에게 베푸시는 은혜가 풍성하심에도 그 사랑에 민감하지 못하고, 아직 가지지 못한 것들에만 눈을 고정시켰던 죄를 고백합니다. 하나님께서 저희들에게 있어야 할 것을 아시고, 필요에 따라 넉넉하게 채워주시고, 부요하게 하셨음을 잊은 죄를 회개하니 용서해 주시옵소서. 탐욕을 제어하지 못한 죄를 용서해 주시옵소서.

성령님의 임재. 오늘, ○○교회에 성령님의 임재를 확인하게 하시옵소서. 성령님의 충만하심으로 마음으로 엎드리게 하시옵소서. 주님의 이름을 부르는 지체, 한 심령으로 예배할 때, 교회에 성령님의 감동하심이 임재하시기를 원합니다. 성령님과 함께 예배하는 저희들의 산 제사를 받으시고, 은혜로 응답해 주시옵소서. 사람에게 기쁨이 되시는 주님의 능력을 보는 은혜의 시간으로 삼게 하시옵소서.

오늘의 간구. 교회가 지역사회에 세워진 의미를 깨달아 우리 교회도 지역사회의 한 일원이 되어 지역을 섬기에 하시옵소서. 교회를 이루고 있는 지체가 거의 이곳에 거주하며 살고 있으니 교회도 지역에서의 역할을 섬겨야 될 줄로 믿습니다. 우리 지역의 구조 안에서 교회가 섬기고 봉사할 지역을 위하여 베풀게 하시옵소서. 지역사회 안에서 한 모퉁이의 일을 감당하게 하시옵소서.

지교회 공동체. "내가 주를 바라보니 나의 영혼 밝아져 십자가를 지신 주만 항상 바라봅니다." 아멘. 주님께서 우리를 위하여 죽으셨고, 우리는 그의 피로 죄 사함을 받아 의인이 되었음을 믿습니다. 우리가 하나님과 원수 되었을 때, 주님께서 나를 위하여 죽으셨음을 기억하게 하시옵소서. 구원을 받은 백성, 주님의 십자가에서 하나님과 화목하게 되었고, 천국을 유업으로 받았음에 감사하게 하시옵소서.

예배의 순서. 말씀을 전하시는 목사님을 붙들어 주시고, 저희에게 귀한 말씀으로 역사하여 주시옵소서. 사랑하는 종에게 입술의 권세를 허락하사 전해주시는 말씀에 역사가 임하게 하시옵소서.

아름다운 찬양으로 하나님께 드리는 예배를 빛나게 하는 성가대 위에 또한 축복하사 더욱 공교히 찬양할 수 있도록 은혜를 더하여 주시고, 하나님을 찬양하는 것을 즐거워하게 하시옵소서.

예배를 위하여 봉사하는 많은 예배위원들을 기억하사 복을 내려 주시옵소서. 저들의 섬기는 손길로 인하여 한 시간의 예배를 거룩하게 진행되게 하시옵소서. 하나님의 교회와 성도들을 위해서 수고하는 이들에게 날마다 주님을 사랑하는 귀한 복을 더하시옵소서.

지체를 중보. 뜻하지 않은 어려움이 갑작스럽게 닥쳐와서 어찌할 바를 알지 못하고 혼란 중에 있는 지체들이 있습니다. 그러나 감사한 것은 어려움과 함께 하나님께서 해결해 주심이 있으심입니다. 저들에게 어려움을 견디어서 참는 인내를 허락하시고, 기도하게 하시옵소서. 하늘의 크고 비밀한 일을 보여 주셔서 넉넉히 이기게 하시옵소서.

주님의 보내심. 우리 지역에 있는 사회적인 단체들, 교회도 그 단체들의 하나로 지역에서 공헌하기를 원합니다. 지역의 발전과 지역 주민의 삶을 위하여 빛과 소금된 사명을 감당하는 교회를 원합니다. 교우들 각 사람이 지역을 위해서 기도하며, 자기의 역할을 섬기게 하시옵소서. 지역의 환경을 보호하기 위하여 헌신하게 하시옵소서.

예수님의 이름으로 기도드립니다. 아멘.

8월 4주, 24일

땅의 백성을 통치하시는 하나님,

찬양-감사. "여호와께서 그의 보좌를 하늘에 세우시고 그의 왕권으로 만유를 다스리시니"라고 영광을 드립니다. 하나님의 품 안에서 보호하심으로 살아왔음을 고백합니다. 저희들, 지나온 한 주간의 삶은 우리 하나님께서 살펴주시고, 돌아보심의 은혜였음을 기억하게 하시옵소서. 그 사랑에 감사하여 찬미의 제사를 드리기를 원합니다.

회개-용서. 저희들의 행실을 통해서 여호와께서 영광을 받으셔야 했건만 오히려 그 반대의 삶을 살았음을 회개합니다. 하나님께 영광을 드려야 하는 기회에 저희 자신들의 이름을 내세우기에 바빴습니다. 용서해 주시옵소서. 하나님의 이름을 훼방하며, 영광을 주께 돌리지 않은 죄를 고백합니다. 하나님의 용서에 소망을 두게 하시옵소서.

성령님의 임재. 하나님이 거룩하시니, 저희들의 공동체도 거룩함으로 예배하기를 원합니다. 성령님의 임재를 누리면서 예배하게 하시옵소서. 주의 날을 지켜서 천국백성의 언약에 들어갔음을 즐거워하게 하시옵소서. 오직 성령님의 감화에 감격해서 겸손한 마음으로 예배하게 하시옵소서. 부활의 첫 열매가 되신 주님, 영화롭게 해드림에 주목하면서 큰 왕이 되신 하나님을 경배하게 하시옵소서.

오늘의 간구. 하나님의 뜻이 여기에서 이루어지고, 하나님의 나라가 확장되도록 저희들에게 기도하게 하시며 주께 드림을 경험하게 하시옵소서. 무엇을 하여 주님의 영광을 나타낼 수 있는지 알려 주시옵소서. 하나님의 뜻을 이루어 드리는 손과 발이 되게 하시옵소서. 이로써 하나님의 뜻만이 선하다는 것을 고백하는 저희들이 되고, 하나님의 뜻을 이루어드리는 저희들의 삶이 되게 하시옵소서.

지교회 공동체. 교회로 모일 때마다 여호와 앞에서 살아가기를 더욱 소망합니다. 세상으로부터 자신을 구별하는 은혜를 입게 하시옵소서. 악인들의 꾀를 거절하고, 죄인의 길로부터 떠나는 거룩함이 체험되게 하시옵소서. 하나님의 착하심으로 소망을 주셨습니다. 그러니, 교회의 모임 속에서, 영광스러운 천국을 바라보며 찬송을 드리게 하시옵소서. 교회생활을 하면서 천국에서의 신비에 들어가게 하시옵소서.

예배위원. 저희들에게 하나님의 말씀을 전하실 목사님께 말씀의 영으로 함께 하사 저희가 그 말씀을 인하여 삶이 변화되게 하시고, 생각과 마음이 변화되게 하여 주시옵소서.
하나님의 영광을 선포하려고 선 성가대원들을 보아주시옵

소서. 지휘자와 반주자, 전 대원들이 그들의 가슴을 바칩니다. 영광의 찬미를 받아주시옵소서. 진리 안에서 노래하게 하시며, 주님의 아름다우심을 찬양하게 하시며, 성가로 영광을 드리니 은총을 내려 주시옵소서.

오늘도 예배의 순서를 담당한 지체들을 세워주셨습니다. 그들에게 오직 예배의 진행을 돕는 거룩한 소명을 다하게 하시옵소서. 그들의 귀한 직분의 의미에 감사하면서 섬기게 하시옵소서.

지체를 중보. 홀로 있는 이들에게 성령님께서 찾아가 주시옵소서. 오래 전에, 주님께서 병든 이들에게로 가셨던 은혜를 그리워합니다. 도와주시옵소서. 부활하신 주님의 이기신 손으로 구원해 주시옵소서. 질병을 치료하시는 은혜가 나타나서 아픈 부위를 낫게 하시고, 쇠약해진 노인들에게는 남은 생애를 주 안에서 보내도록 하시옵소서.

주님의 보내심. 우리 지역을 행복한 곳으로 만드는데 저희들이 사용되기를 원합니다. 우리 교우들이 모두 하나님 앞에서 의인으로 살아간다면 하나님의 보호하심으로 이 지역에 범죄율이 떨어지리라 믿습니다. 지역을 우울하게 하는 각종의 범죄가 물러나도록, 성령님으로 충만하게 하시옵소서. 성령님께서 불의한 일들을 막아 주시옵소서.

예수님의 이름으로 기도드립니다. 아멘.

8월 5주, 31일

보좌에서 내려다보시는 하나님,

찬양-감사. 여기에 모인 하나님의 자녀, ○○의 권속에게 기쁨으로 여호와를 섬기며 노래하면서 그의 앞에 나아가게 하시옵소서. 온 땅이 무릎을 꿇고, 하나님을 경배하는 아침입니다. 주님을 찬양하며, 그 이름을 높여드리는 시간에 거룩하다 여김을 입어서 은혜로 지낸 이들에게 하나님의 이름을 높여서 찬송을 드리게 하시옵소서.

회개-용서. 주님의 보혈로 말미암아 죄를 씻음을 받았음에도 그 보혈의 은혜를 잊고 살았음을 회개합니다. 하나님께 인생의 소망이 있음을 말하면서도, 삶의 자리에서는 눈에 보여 지는 것들에 마음을 두고 지냈습니다. 지금, 마음을 돌이켜 주님께 자복하여오니 사유해 주시옵소서. 보혈의 은혜에만 주목하며 지내도록 강권해 주시옵소서.

성령님의 임재. 성령님의 임재를 기다립니다. 사랑하는 성령님, 함께 하여 주시옵소서. 하나님의 강권하시는 은혜를 누리게 하시고, 성령님의 충만하심을 내려 주시옵소서. 성령님의 기름부으심에 입술을 벌려 찬송을 드리게 하시옵소서. 우리를 죄에서 구원해주신 주님의 이름을 높이게 하시옵소서. 성령님의 깊음에로 들어가 저희들의 생각이나 행동이 오직 하나님께만 집중하는 예배가 되기를 원합니다.

오늘의 간구. 주님께서 받으셨던 고난의 쓴잔을 이제 저희가 받게 하여 주시옵소서. 주님의 사랑을 기억하며 다른 이들의 가슴에도 주님의 사랑을 심을 수 있도록 복을 내려 주시옵소서. 여호와께서는 저희들의 죄를 깨끗이 벗겨주심을 믿습니다. 말에나 행동에나 불신자들과 어울려서 지냈음을 용서해 주시옵소서. 거룩한 자리에서 주홍같이 붉은 죄가 눈처럼 희게 씻어지는 은혜를 입게 하시옵소서.

지교회 공동체. 저희들을 여호와께 성결케 하시옵소서. 성령님께서 강권하시는 대로 육신의 일을 거절하고, 하늘에 마음을 두게 하시옵소서. 성도의 본분을 잘 감당하게 하시고 한 주간 동안도 세상을 이기게 하시옵소서. 은혜를 사모하게 하심을 감사합니다. 교회의 지체된 저희가 주님 안에서 성도의 교제를 나누게 하시고, 가난한 자들을 돌아보게 하시옵소서. 주님의 몸이 되게 하시옵소서.

예배위원. 이 시간에, 목사님과 함께 하사 ○○의 강단에 성령님의 은총을 허락해 주시옵소서. 세워주신 사자를 통하여 저희에게 하늘의 비밀을 깨달을 수 있도록 축복하여 주시옵소서. 이 예배를 아름답게 하는 ○○ 성가대의 귀한 지체들의 찬양을 받아주시옵소서. 준비한 찬양으로 하늘에 영광이 선포되게 하시옵소서. 저들의 찬양으로 더욱 영광을 받으시옵소서.
예배를 거룩하게 하려고 부름을 받은 종들이 섬기고 있습니다. 그들이 성전 봉사를 위해 선택을 받은 종들의 후손 된 감격으로 사명을 감당할 때, 영광이 되기 원합니다. 하나님께서 받으실 만한 예배가 되기 위해서 지명된 이들이 봉사하도록 하셨으니 감사드립니다.

지체를 중보. 하나님을 믿는다 하면서도, 얼마나 많이 불신앙의 삶을 살아왔는지요? 일으켜 주시옵소서. 소망이 없어 조금만 어렵고 상황이 불리해지면 곧 실망하고, 두려워했었음을 고백합니다. 오늘의 예배로 상황보다도 더 크신 예수님의 능력을 믿게 하심을 확신합니다. 하늘의 능력으로 자신을 이기고, 세상도 이기게 하시옵소서.

주님의 보내심. 저희들은 지역의 주민들에게 크리스천이라는 것을 증거하게 하시옵소서. 지역 사람들과 교제하면서 그들에게 성도의 삶을 나타내 보이게 하시옵소서. 크리스천은 세상을 이롭게 하는 사람이라는 사실을 전하게 하시옵소서. 교회는 지역에 유익함을 주는 단체라는 것을 알리며, 지역에서 시민의식의 본이 되게 하시옵소서.

예수님의 이름으로 기도드립니다. 아멘.

9월 1주, 7일, 백로

우러러 경배하게 하시는 하나님,

찬양-감사. 9월을 맞이하게 하셨습니다. 여름을 지낸 자만이 맞는 이 달, 첫째 주일입니다. "그대는 하나님께서 하신 일을 기억하고 높이라 잊지 말지니라 인생이 그의 일을 찬송하였느니라."는 말씀에 따라 성도를 교회에 모이게 하셨습니다. 주일에, 저희들은 하나님을 송축합니다. 하나님을 찬양함이 예배당에 가득 채워지게 하시옵소서.

회개-용서. 하나님을 경배하는 예배에 주목하지 못했던 지난 시간들을 고백합니다. 마음을 다하여 하나님을 예배하지 못하고, 습관적으로 임했음을 용서해 주시옵소서. 하나님을 사랑하는 마음이 없이 행했던 죄를 회개합니다. 이제는 목숨을 걸고 하나님을 예배하겠습니다. 영이신 하나님을 영과 진리로 예배하기를 다짐하게 하시옵소서.

성령님의 임재. 주님의 영광이 머무는 이곳을 사랑하기에 모인 저희들입니다. 성령님의 충만하심으로 주 하나님의 영광을 찬송하게 하시옵소서. 아들 예수까지도 우리의 죄를 위해 아낌없이 내어 주신 구속의 은혜를 만입으로도 다 감사하지 못합니다. 교회의 회중은 이 시간에 예배 인도자를 따라서 만왕의 왕 되신 하나님의 이름을 높여드립니다. 성령님의 감화에 영과 진리로 예배하게 하시옵소서.

오늘의 간구. 주위에 아픈 이들이 있게 하셔서 간구합니다. 그들에게 손을 내밀게 하시옵소서. 부모를 잃은 자녀들, 배우자를 잃은 미망인들과 남편들, 독거노인들, 탈북자들, 외국인 근로자들을 비롯한 상실 속에 있는 이들을 기억하여 주소서. 이들을 보호하여 주시고, 좋은 이웃과 친구로 지낼 수 있는 집, 음식을 먹게 하여 주시옵소서. 이들이 주님 안에서만 안식과 평안을 누린다는 것을 깨닫게 하시옵소서.

지교회 공동체. 이 달에는 ○○의 교우들에게 여호와 앞에서 충성을 다하는 생활에 힘쓰게 하시옵소서. 아버지 앞에서 거룩한 자녀의 삶을 살아드리는 자녀 된 충성을 보이게 하시옵소서. 저희들에게 명하신 말씀들에 순종하는데 충성을 다해서 반석 위에 세워지도록 도와주시옵소서. 교회와 하나님 앞에서 유익한 일꾼들이 되도록 세워 주시옵소서. 착하고 충성된 종이라는 칭찬의 즐거움을 얻게 하시옵소서.

예배위원. 목사님께 기름을 부어주셔서 교회의 권속에게 생명의 말씀을 전하게 하시옵소서. 그의 입술을 성령님께서 주관하셔서 이 백성들이 말씀을 듣게 하시옵소서. 목사님께서 대언하시는 말씀으로 인하여 성령님의 불길이 저희에게 임하게 하시기를 원합니다.
하나님의 영광을 선포하려고 선 성가대원들을 보아 주시옵소서. 지휘자와 반주자, 전 대원들이 그들의 가슴을 바칩니다. 온 몸으로 찬양을 드립니다. 영광의 찬미를 받아주시옵소서.
예배의 진행을 돕고, 성도들의 편의를 위하여 봉사하는 지체들을 축복합니다. 영광스러운 직무에 부름을 받았음에 감격하면서 자신을 거룩하게 구별하면서 맡겨진 직무를 즐거워하게 하시옵소서.

지체를 중보. 일꾼이 된 지체에게 꿈을 꾸게 하시옵소서. 하늘에서 주신 비전으로 말미암아 하나님의 나라와 교회공동체를 섬기게 하실 줄로 믿습니다. 겸손한 마음으로 자기에게 맡겨진 일을 잘 감당하게 하시옵소서. 교회를 위하여 수고할 때, 하나님께서 토브라고 반응해 주시기를 원합니다. 자기를 구별하며, 영생을 위하여 수고하게 하시옵소서.

주님의 보내심. 우리 교회와 함께 지내는 도시의 주민들, 하나님께서 그들을 사랑하시는 줄로 믿습니다. 그들이 우리 교회에 속하지는 않았어도 하나님의 자녀들이라는 생각을 잊지 않게 하시옵소서. 그들 중에 어떤 이들은 노골적으로 하나님을 대적하고, 교회를 핍박하여도 하나님은 여전히 그들을 사랑하시니 감사하게 하시옵소서.

예수님의 이름으로 기도드립니다. 아멘.

9월 2주, 14일

피조물을 다스리시는 하나님,

찬양-감사. 하늘 아버지의 은혜를 누리던 이들이 예배하러 나왔습니다. 오늘, 추석을 맞이하는 저희들의 마음에 함께 하사 우리 스스로 즐거워하면서, 그리스도 앞에 모두 풍성한 기쁨의 찬양을 드리게 하시옵소서. 지존하신 여호와의 이름에 찬양을 드릴 때, 갈보리에서 흘려주신 십자가의 보혈로 ○○교회를 적셔 주시옵소서.

회개-용서. 저희들에게 회개의 영으로 심령을 만져 주시옵소서. 하나님 없이 한시도 살아갈 수 없음에도 불구하고 스스로 살아온 것처럼 교만하게 굴은 죄를 고백합니다. 하나님을 의지하지 않았던 오만함을 용서해 주시옵소서. 하나님만 의지하겠습니다. 주께서 곤고한 백성은 구원하시고 교만한 눈은 낮추심을 기억하게 하시옵소서.

성령님의 임재. 성령님께서 우리 교회와 회중, 각 사람의 심령에 임재해 주시기를 원합니다. 오늘은 예배의 영으로 저희들에게 충만하시옵소서. 먹고, 살아가는 땅의 것들로 분주하게 지내다 나왔지만 영과 진리로 예배하게 하시옵소서. 구원을 받은 백성은 하나님의 감동 안에서 사랑으로 하나 되게 하시옵소서. 저희들의 심령이 성령님께 충만하여 하나님께 자신을 바치는 거룩한 시간으로 삼게 하시옵소서.

오늘의 간구. 추석 명절을 맞이합니다. 민족의 명절로 주신 날에 온가족이 모여서 음식을 함께 하고 정담을 나누게 되었습니다. 우리 민족에게는 더없이 축복된 시간이지만 저희들의 구습은 하나님께 영광이 되지 못하고 있습니다. 이 민족을 불쌍히 여겨 주시옵소서. 추석을 하나님께 드리게 하시옵소서. 만물의 풍성함을 가족과 일가와 친지들 함께 할 때, 하나님의 시간으로 드리게 하시옵소서.

지교회 공동체. 오늘도 주님의 교회에 성령님께서 충만하게 임재하시기를 원합니다. 성령님의 역사를 나타내는 교회로 삼아 주시옵소서. 성령님께서 "그래, 나와 함께 해보자."라고 하시는 심령이 되게 하시옵소서. 성령님께 종이 되어 드리게 하시옵소서. 저희들은 성령님께 붙들린 심령, 폭발하기 직전의 다이너마이트의 심령이 되게 하시옵소서. 저희들의 말과 행실로 하나님의 살아계심을 나타내게 하시옵소서.

예배위원. 주님의 귀한 교회를 위해서 세우신 담임 목사님께 신령한 은혜를 더하여서 생명의 말씀으로 저희를 새롭게 지어주시옵소서. 말씀을 준비하신 목사님께 영력을 더해 주시기 원합니다.

여호와의 영광이 예배당에 선포되도록 성가대를 세워주셨습니다. ○○성가대원들이 하나님을 예배하는 시간에, 찬양하는 역할을 귀하게 감당하게 하시옵소서. 입술을 크게 벌려 주님께 찬양을 드리는 ○○의 지체들이 되게 하시옵소서. 이 한 시간의 예배가 거룩하게 드려지도록 여러 모양으로 수종을 드는 종들을 세우셨음에 감사드립니다. 하나님의 영광을 나타내려는 모든 이들에게 벅찬 감격의 시간이 되게 하시옵소서.

지체를 중보. 하나님의 너그러우심이 ○○의 지체에게 있을 줄로 믿습니다. 어려워진 지체에게 겨울을 이겨내게 하시옵소서. 곤궁에 빠져서 허우적대는 지체를 어서 일으켜 주시며, 어떻게 해보기 어려운 지체에게 하나님이 소망이심을 확신합니다. 강추위에 바람이 그들을 시리게 하지만 심령은 성령님의 감동으로 뜨거워지게 하시옵소서.

주님의 보내심. 교회가 속해 있는 지역에서 공동체가 되어 관심을 기울이게 하시옵소서. 교회도 이 도시에서 지역사회를 이루는 한 조직인 줄로 믿습니다. 지역 주민들의 행복과 지역의 현안을 해결하는 데 참여하게 하시옵소서. 성도들이 여기에서 살고 있고, 그들의 집이 이곳에 있으니 동네를 위해서 자기의 역할을 담당하게 하시옵소서.

예수님의 이름으로 기도드립니다. 아멘.

9월 3주, 21일, 화 - 추분

영원하시고 영원하신 하나님,

찬양-감사. 저희들에게 정한 마음을 주시는 여호와께 찬송과 영광을 드립니다. 하나님께서 인생을 위하여 큰일을 하셨으니, 여호와의 이름을 찬양하며 즐거워하게 하시옵소서. 구원의 주님이신 나의 하나님께 영광을 드립니다. 저희들에게 있는 가장 귀한 것을 주님께 드리는 심정으로 주님을 맞이하는 은혜를 충만히 내려 주시옵소서.

회개-용서. 하나님이 거룩하시니 그의 자녀도 거룩해야 하였건만 그러하지 못했습니다. 용서해 주시옵소서. 영에 속한 삶보다는 육에 속한 것에 마음을 빼앗기고 살았음을 고백합니다. 매스미디어의 오락 프로그램, 달콤한 세상 문화에 마음을 빼앗겨 세상의 가치관에 물들었음을 회개합니다. 마음을 지키는 은혜를 회복시켜 주시옵소서.

성령님의 임재. 지금, 생명과 빛으로 오신 주님을 즐거워하면서 예배의 자리로 나왔습니다. 따스한 햇볕과 같은 성령님의 임재에 찬양을 드립니다. 성령님의 감화에 반응해서 해가 뜨는 곳에서 해지는 데까지 주님의 이름에 찬양을 드리게 하시옵소서. 영과 진리로 예배하게 하시옵소서. 온 세상의 만물도 하나님의 거룩하심에 영광을 선포하게 하시옵소서. 온 땅과 세계가 하나님의 것임을 선포합니다.

오늘의 간구. 주님을 영접하여 구원에 이르게 하시고, 천국의 일꾼이 되려는 소망으로 풍성하게 하셨음에 감사드립니다. 이 시간에, 배가 고픈 이들에게 그들의 원대로 먹을 것을 주신 예수님을 묵상합니다. 아울러 주님의 일을 위해서 자신의 도시락을 드리게 하신 주님을 묵상합니다. 하나님께서 원하신다면 자신에게 있는 것을 드리게 하시옵소서. 저희들은 하나님께 드림을 자신의 것으로 삼게 하시옵소서.

지교회 공동체. "예수 십자가에 흘린 피로써 그대는 씻기어 있는가 더러운 죄 희게 하는 능력을 그대는 참 의지하는가." 아멘. 갈보리의 십자가가 떠올려질 때마다 주님을 생각하게 하시옵소서. 우리가 받아야 할 저주를 주님께서 받으시느라 십자가를 지셨습니다. 저주를 우리 대신에, 죽음으로 받으신 예수님을 바라보게 하시옵소서. 주님의 십자가에서 자기를 거절함에 이르게 하시옵소서.

예배위원. 말씀을 대언해주시는 목사님을 성령님의 권세와 능력으로 붙들어 주시옵소서. 말씀의 대언으로 영광을 드리려고 목사님을 단에 세우셨으니, 그의 입술을 성령님께서 주관해 주시옵소서.

하나님의 위대하심을 선포하는 ○○성가대원들을 보아주시옵소서. 그들이 신령과 진정의 예배와 하나님을 영화롭게 해드리는 음악으로 어우러진 최상의 찬양을 드리기를 소망합니다.
오늘도 여러 사람들이 교회와 예배를 섬기기 위해서 맡겨진 역할로 봉사합니다. 그들이 여호와께 바쳐질 제물이 되게 하시옵소서. 하늘에 시민권을 둔 백성으로 살아가는 것을 즐거워하게 하시옵소서. 귀한 손길들에게 은혜를 더하여 주시옵소서.

지체를 중보. 하나님께서는 빈궁함으로 말미암아 경제적으로 고통을 당하는 이들을 불쌍히 여겨주시는 줄로 믿습니다. 저희들 중에, 다니던 직장이 문을 닫는 실직과 경영의 어려움으로 사업장을 닫아서 살아가는 것이 막막해진 이들에게 하나님이 소망이 되어 주시옵소서. 어떤 환경에서도 기도하는 가운데 감사함으로 견디게 하시옵소서.

주님의 보내심. 우리 교회를 이 지역에 세워주신 하나님의 의도를 생각하게 하시옵소서. 이 지역을 위하시는 그리고 여기에서 살아가는 사람들을 불꽃같은 눈동자로 지켜주시는 하나님을 깨닫게 하시옵소서. 이 지역의 복음화를 내다보면서 하나님께서 사랑하시는 사람들, 그들이 겸손하게 주님께로 돌아오도록 기도하게 하시옵소서.

예수님의 이름으로 기도드립니다. 아멘.

찬송하는 소리가 되시는 하나님,

찬양-감사. 주를 기뻐하고 즐거워하는 지체들이 나아갑니다. 성소에 모인 저희들에게 지존하신 주의 이름을 찬송하게 하시옵소서. 여호와를 두려워하는 백성들로 입을 벌려 찬송하게 하시옵소서. 하나님을 사모하며, 경외하는 저희로부터 영광을 취하시옵소서. 영과 진리로 예배할 때, 여호와의 이름에 합당한 영광을 돌리게 하시옵소서.

회개-용서. 하나님의 나라와 의를 구하면서 살아야 했는데, 욕심으로 말미암아 죄를 지으며 살았습니다. 뉘우치오니, 하나님의 인자하심으로 용서하여 주시옵소서. 저희들의 행실로 열매를 맺고, 하나님을 영화롭게 해드려야 하였음에도 순간적인 즐거움의 유혹에 자신을 내어주었습니다. 늘 죄를 짓는 생활뿐이었음을 용서해 주시옵소서.

성령님의 임재. 저희들이 예배할 때, 성령님의 충만하신 임재에 찬양을 드립니다. 성령님의 역사가 저희들에게 나타나 거친 들에 샘이 솟고, 사막에서는 강물이 흐름을 누리게 하시옵소서. 성령님의 임재가 생수로 느껴져 메말랐던 심령이 소생케 됨을 확인하게 하시옵소서. 그리하여 성령님께 충만한 예배가 되게 하시옵소서. 모든 피조물이 창조주 하나님께 합당한 영광을 드리게 하시옵소서.

오늘의 간구. ○○교회의 권속에게 개인적으로는 신앙의 부흥, 공동체에서는 교회성장을 꿈꾸게 하시고, 기도하게 하신 하나님을 찬양합니다. 하나님께서 마른 뼈들이 살아나는 소생을 누리게 될 것을 믿습니다. 저희를 새롭게 하시옵소서. ○○의 권속의 가슴이 교회부흥이라는 소원으로 불타게 하시옵소서. 부르심에 합당한 열매를 남기도록 이끄시며, 교회부흥을 위한 도구로 사용되게 하시옵소서.

지교회 공동체. 인생의 삶이 오직 하나님의 은혜로 말미암음을 고백합니다. 인생은 참으로 아무것도 할 수 없는 무력한 존재라는 것을 깨닫습니다. 환경이 저희들을 어렵게 하면 그저 주저앉을 수밖에 없음을 측은히 여겨 주시옵소서. 땅에서 묶으면 하늘에서도 매어 주신다고 하셨으니, 입술의 선포로 저주를 묶는 담대함을 주시기를 빕니다. 자신을 향해서 복을 선포하게 하시옵소서.

예배위원. ○○의 강단에서 생명의 말씀이 선포되게 기름을 부어 주시옵소서. 말씀을 선포하실 목사님께 영력을 더하여 주셔서 복음을 위해서 헌신하기를 다짐하는 복된 시간이기를 원합니다.

오늘도 주님을 영화롭게 해드리는 ○○성가대를 세우셨으니, 예수님을 구주로 믿는 무리들이 한 마음으로 하나님을 찬양하며 예배하도록 하시옵소서. 그들이 마음과 몸을 드려 찬양할 때, 이 자리에 성령님이 비둘기처럼 임하시게 하시옵소서.

이 예배를 위해서 여러 순서들을 담당할 종들을 세우셨음에 감사드립니다. 정해진 순서, 정해진 방법으로 예배에 임하는 권속들에게 은혜를 내려 주시옵소서. 저희들 자신이 예배의 요소임을 생각합니다.

지체를 중보. 저희들을 안타깝게 하는 연약한 지체에게 위로와 소망을 주시기를 원합니다. 사마리아 성이 아람 군대에게 포위되었을 때, 나병환자들의 발소리로 아람 군대를 물리치셨던 은혜를 지금 내려 주실 것으로 확신합니다. 인간의 힘만으로는 어떻게 할 수 없는 일들이 힘들게 하고 있으니, 그들에게 여호와의 기적을 보여 주시옵소서.

주님의 보내심. 저희들이 살고 있는 지역은 하나님의 땅인 줄로 믿습니다. 그리고 이곳에서 지내는 사람들은 하나님을 섬겨야 될 피조물이라고 깨닫습니다. 이 지역의 사람들이 하나님을 아버지로 인정하도록 그들을 축복하게 하시옵소서. 이 땅을 하나님께로 돌려드리는 것이 하나님을 영화롭게 함이라고 믿습니다.

예수님의 이름으로 기도드립니다. 아멘.